翻轉學

翻轉學

拿鐵因子
最小又最強的致富習慣

大衛·巴哈
DAVID BACH
約翰·大衛·曼恩
JOHN DAVID MANN
著

TAKE AWAY

藍曉鹿
譯

The Latte Factor: Why You Don't Have To Be Rich To Live Rich

歐普拉・溫弗蕾（Oprah Winfrey），
妳給了我機會，在妳那能改變人生的舞台，
分享拿鐵因子給數以萬計的人們。

保羅・科爾賀（Paulo Coelho），
你對我說：「大衛，你一定要寫這本書。」
促使我終於完成了《拿鐵因子》。

艾拉提亞・布萊德利・巴哈（Alatia Bradley Bach），
妳聽我說要寫這本書聽了 10 年，卻從未質疑過我是否能完成。

對於你們，我充滿感激。

目錄 contents

好評推薦　　　　　　　　　　　　　　　　　　　　　6

推　薦　序　節流中最常被忽略的一環／　　　　　　19
　　　　　　　謝士英

第　1　章　人生到底該做什麼？　　　　　　　　　21

第　2　章　想買卻買不起的煩惱　　　　　　　　　27

第　3　章　你比自己想像的更富有　　　　　　　　39

第　4　章　先付錢給自己　　　　　　　　　　　　51

第　5　章　踏出前的質疑　　　　　　　　　　　　73

第　6　章　好習慣勝過列預算　　　　　　　　　　83

第　7　章　打腫臉充胖子　　　　　　　　　　　　99

第　8　章　金錢迷思　　　　　　　　　　　　　　111

第　9　章　拿鐵因子　　　　　　　　　　　　　　125

第　10　章　現在就過富足的生活　　　　　　　　145

第 11 章　真正有錢人的消費模式　　　　161

第 12 章　不留遺憾，盡興生活　　　　　171

第 13 章　財務自由，關鍵不在賺多少　　177

第 14 章　享受紅利的日子　　　　　　　183

附　　錄　致富的三個祕密　　　　　　　189

後　　記　專訪「拿鐵因子」概念創始人　191

謝　　辭　　　　　　　　　　　　　　　203

附錄表格　　　　　　　　　　　　　　　206

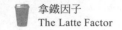
好評推薦

「如何存下第一桶金？先從戒掉拿鐵因子開始！人人都想追求財富自由，但該如何有效實踐呢？掌握書中財富自由的三個祕密，讓你成功無痛癢致富！」

——Angela，小資女升職記

「透過書中主角的生命旅程，引領你發現財富自由的真諦：儲蓄、相信複利的力量、專注當下。」

——Elena wu，理財實踐筆記版主

「2021 年一本不讀絕對會後悔的書！將理財規劃的觀念運用生動小說故事鋪陳，讓讀者明白雖然賺錢很難，但守財卻如此的簡單！一生受用的好書，期待給更多青年學子啟發，引導他們改變現在，創造更好的未來。」

—— Jamie，輕易豐盛學苑老師

「習慣並不可怕，可怕的是分不清是好是壞。然而改變習慣其實沒有我們想像中那麼困難，只要掌握書中的『祕密』，我們就能離財務自由越來越近。」

——NanaQ，極簡主義者

「如果你想致富，就要在你的帳戶裡，造一條『金錢路徑』，讓錢『自動駕駛』。一個設定了『導航系統』的銀行帳戶，才存得快，存得穩，存得毫不費力。」

——富媽媽李雅雯（十方），暢銷理財作家

「這本書用簡單故事表達深刻信息，是理財小白的禮物！留意生活中的拿鐵因子，能幫你省下大量不必要的開銷，把錢用在對你真正重要的事情上。」

——小賈，懶人經濟學創辦人

「當你以為你在閱讀一本輕鬆時尚的小說時，看著看著會發現這好像就是你現實生活的縮影，再逐漸的被帶入故事中走過一遭現實人生的理財課！」

——冰蹦拉，理財 YouTuber

「我認識的優秀投資人，都非常珍惜手上的資金，涓滴之水可以穿石，透過思考與努力，從而能在日常中開始累積財富，這幾乎可說是通往成功的必經之路。」

——陳啟祥，修正式價值投資版主

「當財務狀況出現問題，聽聽大衛·巴赫怎麼說！他那具有強大說服力和容易上手的方案會教你如何花錢、儲蓄和投資你自己並完成夢想！」

——托尼·羅賓斯（Tony Robbins），
《紐約時報》第 1 名暢銷書《征服金錢》（Money）作者

「我剛開始創業的時候，被債務所困、為錢發愁。在我的 Youtube 節目中，我們請來大衛來做嘉賓，做了一個拿鐵因子主題的專輯，觀眾得到了立即的受益。拿鐵因子很有成效。」

——瑪莉·弗利歐（Marie Forleo），
《凡事均可解》（Everything is Figureoutable）作者、
YouTube 頻道 MarieTV 獲獎主持人

「大衛有個本事，複雜的財經術語到了他那裡，我們就聽得懂了。《拿鐵因子》是他最易讀、最有力度的一本書！」

—— 賽門・西奈克（Simon Sinek），

《紐約時報》暢銷書《先問，為什麼？》（*Start with Why*）作者

「一個好故事勝過千言萬語。就讓拿鐵因子這個小故事，讓你從簡單改變，達成財務自由，過上想過的生活。」

—— 薇琪・魯賓（Vicky Robin），

《跟錢好好相處》（*Your Money or Your Life*）作者

「如果可以掌控財務，就可以掌控生活。這本小書是讀者通往理想生活的指南。」

—— 謝家華（Tony Hsieh），

Zappos 公司的執行長、

《遞送快樂》（*Delivering HAPPiness*）作者

「《拿鐵因子》是大師之作。大衛・巴哈提供的策略讓我在 30 出頭時就成為百萬富翁。讀完本書，然後運用在實際生活中，並分享給你的朋友。這本書會改變你的人生。」

——葛蘭・薩巴帝爾（Grant Sabatier），
《財務自由，提早過你真正想過的生活》（*Financial Freedom*）作者、
千禧理財（Millennial Money）網站發起人

「大衛・巴哈對積蓄、投資、理財、累積財富的教誨簡單卻很有力，二十多年來改變了許多人的生活。我在歐普拉脫口秀節目中製作了拿鐵因子的專題，親眼看到大衛改變了諸多觀眾的人生。我們不單單在節目中談拿鐵因子，更運用於自己的生活中。」

——知名製片人坎迪・卡特（Candi Carter），
談話節目〈觀點〉（The View）執行製片、
〈歐普拉脫口秀〉（The Oprah Winfrey Show）前製作人

「拿鐵因子是透過一名女子的旅程，來啟發激勵讀者實現理財夢想。巴哈和曼恩這兩個故事天才，講述了我們這個時代改變人生的故事。」

——法諾雪・托瑞碧（Farnoosh Torabi），
Podcast〈說說理財〉（So Money）主持人、
《當女人賺得更多的時候》（*When She Makes More*）作者

「大衛・巴哈用充滿希望和鼓勵的訊息，鼓舞了世界各地的讀者。這本《拿鐵因子》也一樣，會鼓勵你的心靈，提升你的精神。值得閱讀之、思考之、實踐之。」

——羅賓・夏瑪（Robin Sharma），

暢銷書《和尚賣了法拉利》（*The Monk Who Sold His Ferrari*）、

《清晨五點俱樂部》（*The 5 AM Club*）作者

「大衛・巴哈市世界一流的個人理財專家，這本《拿鐵因子》會告訴你為什麼我要這麼說。他比任何人都更懂教導我們如何達成財務自由。最棒的是，書中的故事這樣真實、可信，叫讀者很想依照同樣的簡單步驟，打造自己的財富，變得真正富有。每一頁都精采極了。」

——布蘭登・博查德（Brendon Burchard），

《紐約時報》第 1 名暢銷書《高效習慣》（*High Performance Habits*）

「我和大衛是老朋友了。他提供的理財原則經得起時間推敲，他要過的不只是外在的富有，更兼具內在富足和樂善好施。」

——斯科特・哈里森（Scott Harrison），

非營利事業慈善之水創始人、

《紐約時報》暢銷書《乾渴》（*Thirst*）作者

「大衛・巴哈的書可以暢銷七百萬冊是有原因的：因為所言是行之有效的。這個很棒的小故事值得你在生活中採納。其實你真的不需要先富有再投資再追逐夢想，想做現在就可以。」

——珍・查斯基（Jean Chatzky），

美國國家廣播公司〈今日秀〉（Today）財經編輯、

Podcast〈女人理財〉（Her Money）節目主持人

「一本書改變遊戲規則。相信我，本書會改變你的人生。不管哪個世代，不管是何背景，本書是夢想的燃料、未來的動力。」

——莎拉・雅克斯・羅伯茲（Sarah Jakes Roberts），

知名作家、企業家和媒體人

「大衛・巴哈的建議是大師之言。他還有個本事就是深入淺出，三步達成財務自由。你也可以！」

——強・高登（Jon Gordon），

暢銷書《能量巴士》（*The Energy Bus*）、

《正向領導的力量》（*The Power of Positive Leadership*）作者

「拿鐵因子會完全改變你與金錢和快樂的關係。我每年要看 70～100 本書，這本書讓我非常震驚。會重新設定你的思維模式，讓你的人生系統 10 倍速優化。」

——本傑明・賀迪（Benjamin P. Hardy），

商業線上雜誌《*Inc.com*》供稿人

「每個女人都應該讀一讀《拿鐵因子》。大衛・巴哈是女性財務的十字軍，拿鐵因子可以指引妳進入一個不為財務所困的自由之地，這是妳配得的。」

——多蒂・赫曼（Dottie Herman），

房地產經紀公司道格拉斯艾曼（Douglas Elliman）董事及執行長

「拿鐵因子是一本速食經典，對那些不喜歡思考理財，並因此過得不富足、不快樂的人，本書是個極佳的禮物。投資 1 小時讀一讀這本書，會受益終生。」

——肯・布蘭查（Ken Blanchard），

第 1 名暢銷書《新一分鐘經理》（*The New One Minute Manager*®）、

《祕密》（*The Secret*）作者

「巴哈和曼恩合著的《拿鐵因子》幫助你了解到，什麼是最重要的，哪裡該花，哪裡該省，過著通往目標的人生。」

——艾琳・洛瑞（Erin Lowry），

《千禧一代的新投資法》（*Broke Millennial Takes On Investing*）作者

「美國及全球各地的大學生都應該讀讀這本書。大衛的建議非常棒，而且易於執行，說的故事又很打動人心。」

——珍妮佛・艾克（Dr. Jennifer Aaker），史丹佛商學院教授

「大衛・巴哈總能把複雜的財經世界變得大家都看得懂，因而改變了大家的生活。這點我實在非常感佩。《拿鐵因子》除了暢銷，也會是一本長銷書。」

——路易斯・巴拉哈斯（Louis Barajas），

《拉丁裔的財經成功旅程》（*The Latino Journey to Financial Greatness*）作者

「標竿理財專家大衛・巴哈用他拿鐵因子激勵了千百萬的讀者。閱讀本書可以自己受益，還可以分享給你身邊重要的人。1小時就讓你成為財務大佬。」

——波碧・呂貝兒（Bobbi Rebell），理財規劃顧問、
《如何成為財務大佬》（*How to Be a Financial Grownup*）作者、
路透社商業電視前主播

「很棒的故事，時有醍醐灌頂的時刻出現。拿鐵因子會給你驚喜，給你激勵，改變你對個人理財的看法。」

——麥可・海亞特（Michael Hyatt），
《紐約時報》暢銷書《平台》（*Platform*）、
《最棒的一年》（*Your Best Year Ever*）作者

「巴哈和曼恩給我們上了一堂個人理財和財務的入門課，而這個精采的課程是包裝在一個自我發現的故事旅程中的。拿鐵因子是一粒寶石。」

——鮑勃・羅斯（Bob Roth），
《紐約時報》暢銷書《超覺靜坐的力量》（*Strength in Stillness*）作者

「巴哈和曼恩做了一件了不起的事，那就是揭示了最神祕且最深奧的真理：真正平靜卻快樂的富足人生是任何人在任何環境下都可以實現的。大推！」

——莎莉・梅格森（Sally Helgesen），
《女力崛起》（*How Women Rise*）、
《柔性優勢》（*The Female Advantage*）作者

「我非常喜歡這本書。在有趣的閱讀過程中，你會學到如果透過幾個簡單的改變，來扭轉你的財務未來。拿鐵因子一定會暢銷全球的。」

——戴倫・哈迪（Darren Hardy），
《紐約時報》暢銷書《複利效應》（*The Compound Effect*）作者、
《成功》（*SUCCESS*）雜誌前發行人暨總編輯

「這本很適合千禧少年人閱讀，提醒大家生活中的一些小改變，卻對財務未來造成很大的影響。」

——潔西卡・摩爾浩斯（Jessica Moorhouse），
千禧理財聚（Millennial Money Meetup）創辦人、
Podcast〈摩爾理財〉（Mo's Money）主持人

「這本可以改變遊戲規則的小書充滿智慧，非常用心，卻又簡單明了，讓大衛‧巴哈擁有百萬讀者。閱讀它，實踐它，比想像的要更容易，讓你一步步走向財務自由。」

——丹‧蘇利文（Dan Sullivan），
策略教練公司（The Strategic Coach Inc.）創辦人和執行長

「本書精采有趣、引人入勝，閱讀時有時會忘記了正在上一堂改變人生的課，可以這樣寓教於故事的作者的確是業界頂尖高手。」

——鮑伯‧柏格（Bob Burg），
暢銷書《給予的力量》（Go-Giver）作者

「花點時間閱讀，卻可以幫助你把握財務和人生。不管是要開始新事業，還是就業中的僱員，也不管你目前正在負債中，抑或只是想要過上夢想生活的普通讀者，拿鐵因子都可以幫助你在財務上達到安全、自由、成功。」

——喬伊‧波利西（Joe Polish），
天才網路及天才 X 網路（Genius Network® and GeniusX®）創辦人、
食人魚行銷公司（Piranha Marketing Inc.）董事

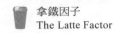

「我在 30 出頭時發現了大衛的拿鐵因子概念,之後就把『先支付你自己的策略』落實到生活中,因此我和太太的財務發生了巨大改變。我們現在都頗富有,太太可以在家教養孩子,我也離開了不滿意的工作,去做自己喜歡的事。」

——菲利浦・泰勒（Philip "PT" Taylor）,

FinCon 公司和 PT 理財公司創辦人

「大衛・巴哈的個人理財術可以激勵一個世代的人。對創意工作的這個族群來說,富裕是一件遙不可及的事,但大衛簡單、實在的諫言讓我們在揮灑創意的同時,又可以達成富足的生活。」

——卻斯・賈維斯（Chase Jarvis）,

美國線上教育平台「創意生活」（CreativeLive）創辦人和執行長

推薦序
節流中最常被忽略的一環

——謝士英，《我45歲學存股，股利年領200萬》作者

多年前，在大衛・巴哈的暢銷書《自動千萬富翁》（*The Automatic Millionaire*，第一版的中文書名，最新版為《讓錢為你工作的自動理財法》），曾提到「拿鐵因子」一詞。在閱讀的那瞬間，我就留下深刻的印象。在與學生分享如何存錢時，就將「拿鐵因子」視為不可或缺的因素之一。

想要打理個人財務時，開源節流是最基本的動作，而「拿鐵因子」就是節流中最常被忽略的一環。積少成多是我們耳熟能詳的日常成語，天天掛在嘴上，但又有多少人能夠落實在生活裡？

許多月光族抱怨都存不了錢，每月花光光，沒有負債就偷笑了。殊不知許多不必要的花費都在不知不覺中從指縫中消失了，就像是每天瀟灑地手拿一杯星巴克拿鐵走進辦公室。身為統一食品的小股東，理應鼓勵大家多光顧星巴克才對。

但對剛要起步打理自家財務的年輕人而言，如果將每天一杯星巴克拿鐵改成 7-11 的 City Café 拿鐵，可以省下 50 元，一個月

就是 1,500 元，一年下來就省下 18,000 元。十年後若是再加上複利效果，也可以累積一筆不小的財富。有些讀者若是不喝咖啡，也能運用同樣的道理在生活中找到其他可以省錢的小地方，例如：珍珠奶茶因子或鹹酥雞因子等。

這本書裡提到的理財方法都是簡單易懂的，每個人都可以立即身體力行。重要的是要能持之以恆，等到養成習慣之後，所謂的拿鐵因子已經植入到基因裡，存錢就變成了自然的反射動作，每個月都能付錢給未來的自己。

知易行難，一般人要能做到會有些難度。書中也提供了不錯的存錢機制，讓存錢這種看似像登天一般的難事，變得易如反掌，在不知不覺中邁向財務自由。

總之，這本書很值得大家閱讀，而且也能讓大家同時享受閱讀的樂趣。在此非常願意與想要改善財務狀況的讀者分享，並強烈推薦。

第 **1** 章

人生到底該
做什麼？

　　週一早上，柔伊同尋常的上班日一樣，搭上了紐約地鐵L線，手上拿著一杯濃縮咖啡，一邊思考著照片。

　　L線從布魯克林區向西行，再往南，到達曼哈頓下城區大約需要 40 分鐘。柔伊在最後一站下車。在接下來的 40 分鐘裡，柔伊站在諸多乘客中間，依然思考著照片。

　　那張照片到底想要說什麼呢？

　　到富爾頓轉運站時，地鐵的門開了。柔伊加入了要轉乘去曼哈頓的人潮中。這股人潮把她帶到世貿中心下的開放空間，柔伊在灰磚道上停了下來，任由身旁的人從她周圍經過。她抬頭看著巨大的屋頂，白色鋼筋好像巨鵬張開的翅膀，一個從 911 事件中的灰燼中新生出來的鳳凰。

　　柔伊邁開步伐，繼續感受著這一空間的空曠感。義大利大理石有 600 呎高，使人彷彿置身於一座天主教堂。

　　那是「紐約之眼」*。通往這世界上最著名，也最有紀念意義的地方。柔伊每天都要經過兩次，一次是去上班的路上，一次

---

* The Oculus：世貿中心車站的外觀造型。世貿中心車站在 911 恐攻後被摧毀，後由西班牙建築師卡拉喬瓦（Santiago Calatrava）設計，展翅的造型有鳳凰浴火重生的意境，在 2016 年被 CNN 評為九大新地標之一。

是回程，但她卻從沒有踏進去過。

　　她走進白色大理石建物的內部，知名的液晶螢幕裝飾牆就在左手邊，約有一個足球場的長度。這裡輪流播放的商業廣告和公益廣告，她通常不會多看一眼，便轉去搭手扶梯。但是今天螢幕上的圖像卻教柔伊停下了腳步。

　　螢幕上是一條漁船，還有捕魚的人及漁網，很像照片上的那條船，那張始終縈繞在她腦中的照片。因為照片上的船不是擱淺在水邊塢石上，而是停泊在一處沙漠中央。

　　還真奇怪，柔伊想。奇怪得讓人不安。

　　就在她瞪著螢幕時，巨大的字幕出現了，是這句話：

如果你不知道要去哪裡，
只怕到了哪都不會快樂。

　　片刻之後，圖像消失了。螢幕開始播放其他廣告。

　　柔伊繼續趕去上班。

　　到達走道盡頭，她步上手扶梯，上去兩層就是玻璃頂的中庭

了。她走出地鐵出口，往回折去西街，她工作的雜誌社就在前頭的大樓裡，太陽照著大樓，反光刺著她的眼睛。這棟大樓就是世界貿易中心一號，算是西區最高建物了。每天搭車來這裡上班是柔伊的日常，她喜歡在進去辦公室前在樓下站一會兒，仰起頭來，注視著高聳入雲的樓頂。

但是，今天她的思緒卻在別處。

如果你不知道要去哪裡，
只怕到了哪都不會快樂。

這應該是一支廣告吧，或者是保險公司、汽車銷售、旅遊APP，具體是哪一個她不記得了。這句廣告詞是不是潔西卡寫的？看似潔西卡的風格，且不管要打廣告的重點是什麼。但是這個早上，這句廣告文案卻是要傳給柔伊的訊息。盯上了她，且不放過。

就像稍早的那張照片，也始終縈繞她的腦海。

柔伊突然想起左手還握著拿鐵，趕緊喝一口。咖啡都涼了。

通常她早就過了馬路，進入大樓，搭電梯到 33 樓的辦公室了。今天她卻沒有走尋常的路。穿過西街馬路後，她直接右轉，

來到反思池，那兩個方形水池建在雙子星大樓的原址，周邊黑色的矮石表面銘刻著許多名字。

這是 911 事件的紀念碑。

她在北邊的水池邊上停下來，看著池中不斷上湧的水。她伸手感受了一下大理石的表面，讀了第一排的人名。名字真是多。2001 年的 9 月 11 日，有數千人罹難於此，那時柔伊正在念研究所。她又望向一條街外的紐約之眼宏偉的支架。

為什麼今天一切看起來都不同了？

如果你不知道要去哪裡，
只怕到了哪都會不快樂。

現在柔伊要去哪裡？她希望最終到達哪裡？

這個問題，她以前真正的思考過嗎？

有個男人停下腳步，只是片刻時間，看了看腕表，就又匆匆離開了。柔伊愣了一下，上班要遲到了。

她轉身，往世貿中心一號大樓折返回去，但卻被什麼絆住似

的，不能離開。她朝近處的水泥椅走過去，坐了下來，手上拿著冷掉的拿鐵。周圍是來往的是旅客、當地紐約客，還有車潮。柔伊輕聲的問自己：

「我的人生到底該做什麼？」

第 **2** 章
—
想買卻
買不起的
煩惱

一走出 33 樓的電梯，柔伊立即被密密麻麻的工作行程塞滿了，和平常每個週一早上沒兩樣。春季主題的截稿期是下週五，辦公室的每位同事都卯足了全力在拚進度。各式文章、各式作者背景、還有照片標題，爭相引起柔伊的關注：在厄瓜多爾山脈騎腳踏車、在巴爾幹品葡萄酒、知名旅人圖文並茂的文字……她的工作就是把這許多內容變成使人眼睛一亮的雜誌期刊。

柔伊就在位於世貿中心的一家雜誌社上班。他們也管這棟大樓叫自由之塔。這常常讓柔伊覺得諷刺，因為儘管她喜歡這份忙碌的工作，但在辦公大樓圍牆內消磨的時光，很難被稱為自由。對能在這個職位上做事，她心存感恩，但是為此付出的時間，很難與讀者想像的編輯薪水成比例。

還有更諷刺的是，身為旅遊期刊的副主編，27 歲的她從未踏出美國國門。甚至沒有走到密西西比河以西，她連一本護照都還沒申請。

一個沒有出過遠門的旅遊編輯。

她將筆電放到桌上打開，登入雜誌社的內部網頁後，手指在鍵盤上飛舞，進入工作狀態。

柔伊陷入一陣忙碌漩渦：標錯的截稿日、臨要上稿前內容改

變、把文筆平凡的稿子整理得人模人樣。她一碰到鍵盤的她就是這樣，她會跟上這個空間的節奏，把之前的猶疑不定全拋開。

收支只能打平，有時還會失衡

「我們還沒人肚子餓啊？」

柔伊從椅子上直起身，轉轉脖子，放鬆一下身體。什麼？已經過下午 1：00 了？她看到老闆正越過半高的辦公室隔板上看她。

「雖然是紙上旅遊的編輯，也是要吃東西的吧？」老闆又加了一句。

曼哈頓下城區處在社會地位的上流，老闆芭芭拉的衣著讓她好像是個小鎮遊客，與雜誌社內其他衣著時髦的同事不大一樣。和柔伊也是截然不同。但是芭芭拉極其聰穎，了解事物底下的核心。柔伊猜想，正是這個特質讓芭芭拉成為了不起的編輯部總監。

柔伊 6 年前開始在這裡工作，當時就是芭芭拉負責面試，她們一見面就很投緣。芭芭拉對手下編輯期望很高，要求也很高，卻嚴而不厲。你不是因為怕她而把工作做好，把工作做好是因為不想讓她失望。

柔伊從來沒讓芭芭拉失望過。她是個傑出的編輯，工作能力非常好。

「餓昏了。」柔伊說。把筆電切到休眠狀態，跟著芭芭拉進電梯到摟上餐廳。

公司餐廳可以俯瞰曼哈頓區和哈德遜河，自由女神像也盡收眼底。極簡風的裝修搭配開放式空間，員工自助餐廳看似曼哈頓區的高檔餐廳。柔伊剛來工作時，時常在餐廳巧遇名流，她還要裝出一副不以為意的樣子。

芭芭拉自備一個塗有亮漆的午餐盒，她小心翼翼地打開來時，柔伊正排到了午餐隊伍的後方。她選了雞肉沙拉搭配藜麥、鹽烤西班牙杏仁，還有葉菜。在吃沙拉時，她和芭芭拉說起了她正在編輯的文章，但她不喜歡道人是非，短短兩句後，她就不再多說了。

接下來是短暫的沉默。芭芭拉吃著三明治，看了看柔伊。過了一會兒，芭芭拉終於開口：「嗯……妳看起來……有點失神。一切都還好嗎？」

這就是芭芭拉善體人意的地方。柔伊正在竭力想忘記早上莫名的情緒，她的老闆卻感受到了。柔伊深深吸了一口氣，然後吐

了出來。她不知道該從哪裡說起，因為她自己也還沒弄明白。

「說出來，妳可能會覺得奇怪。」柔伊開口說道。

芭芭拉咬了一口三明治，點點頭，彷彿在說，接著說吧！

「我每天早上在搭地鐵的路上會去一家咖啡廳，就在威廉斯堡文藝區那裡。」柔伊描述咖啡廳所在地時，芭芭拉又點了點頭。

「海倫娜咖啡（Helena's Coffee）。」

「妳知道那家啊？」

芭芭拉從三明治上方看了柔伊一眼後說：「然後？」

「好吧！柔伊說。「咖啡廳後牆上掛著裱框照片。我是說，有好多照片，整片牆都是，其中有一張特別不同尋常。」

可以想見，柔伊在點拿鐵和馬芬蛋糕時，排了長長的隊伍。海倫娜咖啡就是那樣一處地方，點心是現做的，咖啡特別可口，而張貼在牆上的照片，也總叫人過目不忘。

柔伊描述了一下那張照片後，又接著去吃沙拉。

「然後？」芭芭拉等了一下，問道。

「然後，我就不知道啊！我總在想著那張照片。我也不確定什麼原因。」

柔伊是下標題高手，語句通常直接了當，但是今天她竟然說出不知道、不確定之類的話。

「妳想要買下來。」

柔伊嘆了一口氣。那確實是她想要的。

畫面非常簡潔：晨光下的海邊小村莊，早上第一道陽光投下琥珀色的光影，前方是準備出海的漁船。這個時光他們稱之為黃金時刻，太陽剛剛升起，陽光緋紅幾近透明。對柔伊來說，這個片刻非常神奇，有些無形的能量正在蓄勢待發。

照片尺寸非常大，大概有 121 公分寬、90 公分高。儘管如此，有些細節她還是沒有看清楚，因為時間太短，她不及細細研究。每天一早，她就匆匆離開公寓（說來其實都稍晚了一點），衝去咖啡廳點一杯拿鐵和馬芬蛋糕，之後快步走到車站，等往曼哈頓區的 L 線地鐵。去了店裡取早餐時她沒空打量周圍。

可是儘管總是匆匆忙忙，牆上的照片有時還是會引起她的注意。今天早上，她就多停留了半分鐘的時間，走近了兩步。所以，細節沒看清楚。

　　當時她只是覺得，如果可以，她也想在起居室的牆壁上掛一張同樣的照片。儘管所謂的起居室不過是一個長條的空間，那裡還兼做她的餐廳和居家工作室。柔伊和一位室友同住一間很小的公寓，裡面沒什麼值得一看的「風景」。但是，這張海濱的早晨卻可以讓陋室生輝。

　　「也未必是我想擁有它。只是……」只是什麼？照片挑起了柔伊的某些思緒，到底是什麼她一下說不上來。「我也解釋不清楚。」她搖了搖頭，好像要把理不清的念頭甩到一邊去似的，「我甚至不知道那張照片是否在出售。再說，即便是……」

　　芭芭拉和柔伊齊聲說：「我也買不起。」

　　如果柔伊的生活是一首歌，這五個字就是不斷重複的副歌，主歌可能很激勵人心、很有冒險精神，很有想法，比方說，我想回到校園，我想去美國西南部走一走，我想去歐洲一趟，我想有一間真正的臥室，可以做瑜伽、可以寫點東西。但是歌曲總在同樣的副歌中結束：但是，我買不起。

　　問題在於，她確實買不起。布魯克林區不比曼哈頓，但是依然不便宜。外加她還有學生貸款，那好像一袋沉甸甸的磚頭，壓在她身上。優點是她生活在紐約，她不需要以車代步，即便有只怕現在也被收回了。轎車？照這樣下去，只怕到了夏天連她的腳

踏車都要被收回。

柔伊審美觀不錯，文字功底也好，但是說到數字，那就不是她的長處了。在財務管理方面，她向來有點問題。她媽媽曾提議先列預算來節省開支。可是預算這二字對柔伊來說，簡直是字典上最困難的。顯然，這招沒用。

在工作上，柔伊很有組織，很有效率，但對於自己的財務，她就變成一個無法自律的人。所以就成了現在的樣子。已經 3 月了，她還在分期支付去年聖誕節刷卡買給眾親友的禮物。如果她花點時間整理收據，說不定還有幾張是去年聖誕節的帳單。在柔伊的帳本上，永遠是應付帳款、應付帳款、應付帳款。

說來，柔伊相當喜歡她的工作，表現也非常好，但同時也必須承認，她所賺的與花費只能剛好持平。事實上，這個平衡也常常被打破，出現捉襟見肘的窘境。柔伊有時覺得自己可以代言一台付帳的活機器。

假如那張照片是要出售的，不管標價是 500 美元、800 美元，還是 1,000 美元，這樣大筆的現金都是她沒有的，也是她無法一時興起就花掉的。

芭芭拉的聲音打破了她的沉默。「妳應該和亨利談談。」

「亨利？」

「就是妳在咖啡廳遇見的老先生啊！他通常早上會在店裡煮咖啡。他就是亨利。」

柔伊回想了一下，才想起來芭芭拉在說哪位。「妳是說在海倫娜？妳認識那裡的咖啡師？」

芭芭拉站起身來，闔上午餐餐盒。「認識他好幾年了。妳該走進去，和他談一談。他看事情……」芭芭拉停頓了一下，「他看事情的視角很不一樣。」

「和咖啡師談一談？」柔伊問。「要談什麼？」

芭芭拉露出了她的招牌表情，一切了然於心的樣子。「就是找他談談，告訴他妳喜歡這幅畫。看看他怎麼說。」

柔伊皺起眉頭。

「相信我。」芭芭拉說。「他是個寶山。」

「他就會幫我嗎？真的？比如買一張樂透？」

芭芭拉聳肩。「也未必是買樂透。但是妳自己常說的，我買不起。那件事困擾著妳，我沒說錯吧？」

柔伊不再說話了。她沒說錯，她可是芭芭拉！

「那就對了，」芭芭拉接著說。「就做點什麼吧，去和亨利談談。」

犧牲週末換來好薪水，自己開心嗎？

回到辦公室位置上之後，柔伊心裡覺得有些愧疚。她沒有告訴芭芭拉真正困擾她的是什麼，不是照片。還有其他。

一個去經紀公司的工作機會。

上上週五，她和大學室友潔西卡碰面。兩杯酒下肚之後，潔西卡告訴她，有一家媒體經紀公司正在徵人。「妳那麼拚，柔伊，」潔西卡說：「又聰明，文筆又好，又有人緣，妳是最佳人選。」

因此上週，柔伊就找了一天，過去經紀公司面試。當天晚上，潔西卡就打電話給她說，根據她聽來的消息，柔伊是最看好的。「妳知道有多少人去面試嗎？妳把別人都比下去了。」而且，潔西卡的話很快就得到了證實，到週五晚上，她就收到經紀公司的電話，確認她是第一人選。看來只要柔伊願意，新工作就是她的，

薪水要比現在好上許多。她自然也知道，以後的責任更重，壓力更大，這不是柔伊想要的。但好薪水可以解決她現在的難題。

週末時，她和媽媽談到這件事，媽媽卻不以為然。「喔，小柔，」媽媽說：「要為擁有的而開心。再說了，高薪就可以讓妳更快樂嗎？」

金錢不能帶來快樂，從小到大，柔伊聽過這句話多少遍了？

爸爸把電話接了過去，這還真不尋常。「想一想吧，柔伊。」老爸說。柔伊知道這話的意思——我不會說妳現在就該立即換工作，但或許妳也是可以勝任這份新工作。

柔伊的父親之前是承包商，收入豐厚。後來，因為健康出了問題，只能去一家建材公司做內勤人員。薪水當然不能與之相比，柔伊懷疑樂趣也相對減少很多，但他們的日子也照樣過得下去，只是母親近來更疲累。為擁有的而開心？不能說她的父母不開心，但是，他們可算得上真正的開心嗎？

還有，柔伊自己開心嗎？

她又想起早上在紐約之眼附近看到的那張照片，一條停泊在沙漠中的船。如果妳不知道妳要去那裡……

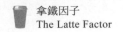

　　經紀公司給柔伊一週的時間考慮，做最後決定，和辦理離職手續。也就是說，如果柔伊想要這份工作，這週五就應該答覆他們了。之後，她和潔西卡每週五的週末喝一杯時間，就可以好好祝賀一下。

　　另一個選擇就是留在原來的公司，等著升遷。同時，再兼一些寫作或編輯的外稿，在本就要加班的工作之外，再加一點班，晚上週末也不得閒。後者，自然也不是柔伊想要的。

　　但是，難道她還有其他選擇嗎？

第 **3** 章

——

你比自己
想像的
更富有

　　「那就做點什麼吧！」芭芭拉如是說。次日早上，柔伊還真的有了行動。她比平常早 15 分鐘做好出門準備。她看不出和咖啡師聊天的必要，但既然芭芭拉都提議了，她還是可以在咖啡廳裡多消磨一點時光的，至少可以貼近看看那張照片。

　　她點了餐，排隊等餐，拿到特濃拿鐵後，在店裡晃了晃。店的內牆是裸磚式的，拱形屋頂漆成了全黑色，大型的全光譜燈泡懸在空中，讓咖啡廳內看起來像是布魯克林區的藝術展廳。很藝術，但有點老派。

　　她沿著咖啡廳長廊走了一圈，停留在掛照片的角落。有些是漂亮的風景：大雪覆蓋的山脈、站在激流中取景的澎湃河流、景深的森林小徑。有些地方，因為她在旅行雜誌工作，所以能認得出來。有一張是中國長城，另一張是義大利皮爾蒙特區的葡萄莊園，幾名年輕人正在葡萄園裡勞作，還有一張是祕魯熱帶雨林區羽色豔麗的金剛鸚鵡。

　　張張都漂亮，但她的腳步卻沒有停下來，直到走到那張照片前方。

　　就是這張，沒錯。她退後幾步，細細盯著照片看。

　　說來，那並不是一幅非常壯觀的照片，至少表面看來如此。一個晨光中的海濱小村，一條小漁船位於畫面右側，正要出海，

還有往來的村民，過著他們日常的漁村生活。

為什麼這樣勾住她的心呢？

她走近幾步，看到照片下方印刷的小字。喔，那是標價：1,200美元。

柔伊的心一沉。價格不斐啊，不過，也算合理，不是嗎？再說，這個數字也不是太高，只比她的房租略低一點，柔伊不是負擔不起。但她已經很久沒看到銀行帳面上有一千多元的餘額夠她隨意花費。

她想了一下，確定她從來沒有這樣一筆可以隨意花用的錢。

她彎了腰，再次打量標籤。想看一看照片是在哪裡拍的，但標籤上沒有。除了標價，唯二的文字就是照片的標題，標題非常簡潔：

「來吧！」

「來吧！」對一幅海濱小村的圖片，這是一個看似一點也不搭的標題。來做什麼？儘管現在再看這幅畫時，柔伊覺得這個標題對她來說也不是那樣不搭調。這是哪？應該是希臘的一個小島嶼？「你們在哪兒？」她自言自語道：「羅德島？聖托里尼島？」不，應該不是。「克里特島？」

買得起拿鐵，就買得起畫

「米克諾斯島。」

一位先生的聲音離得這樣近，柔伊幾乎驚跳起來，手上的拿鐵也差點打翻。

「對不起，」這位先生說：「無意要嚇到妳，妳看得太專注了。」他朝照片示意了一下。「喜歡這張照片？」

柔伊點頭。「風景好棒，光線也剛好，叫人想去。」她點頭，指了指標題。年長男士順著她手指的方向看了看，點頭同意。她伸出手來：「我是柔伊。柔伊・丹尼斯。」

年長男士握了握她的手，他的手又乾又涼，好像一塊細緻的帆布。「亨利・海頓」，他說：「跟作曲家海頓同姓。」他又補充了一句：「不過，我不是名人。」

「亨利，你好。」現在她當然認出來了，亨利就是咖啡師。「你比自己料想的更有名喔！」

咖啡師低下頭來，彷彿在說，是嗎？

「我老闆對我說起你了。」柔伊解釋說：「她說我應該進來，並找你談一談。」

「喔，」他回應：「談什麼？」

柔伊開口想說話，但是隨即又閉上了，最後她朝亨利撇嘴說：「其實，我不知道要談什麼。」

他笑了笑，對著照片的方向點頭示意。「少有人特別鍾情這張照片的，」他說：「多數人更喜歡更生動的景象，妳知道，就是高山呀，峽谷啊，激流之類的。」

柔伊懂得亨利說的意思。「這張照片，」她說：「我覺得很有生氣。」

亨利點頭。「就我個人來說，也最喜歡這一張。」

柔伊站直身體，轉了 360 度，把咖啡廳環視一周，對亨利說：「我也是。」

亨利再次低下頭。「對了，順便說一下，這張尚未賣出。」

柔伊笑道：「我希望可以買下來。但是我怕負擔不起。」

亨利對著她手中的拿鐵示意一下。「如果妳買得起拿鐵，」他說，又示意了一下牆上的畫，「妳就買得起這張畫。」

「什麼？」柔伊問。她有沒有聽錯？這話看似說不通啊！

「或許，」亨利說。「妳比自己想像的更富有。」

柔伊不解的笑了。她想，這個說法倒也新奇，但她喜歡亨利的正能量。「這個想法不錯。」她說：「但是說真的，我只是看一看。」柔伊又趨身靠近了看照片上的細節：鵝卵石鋪出來的小路、白漆房子，還有寶藍的門和窗台。「你認為是米克諾斯島？」

亨利也趨近了看，緩緩點頭說：「我確定。」

「真是漂亮。」柔伊讚嘆說：「我真正想要的是，」她輕聲說，好像在自言自語。「真的過去那裡，呼吸帶著海水鹹味的空氣，聽一聽海鷗的聲音。用自己的眼睛和耳朵來感受照片中的情景。」

柔伊再次直起身體，不好意思的笑了。用正常的聲音說道：「不管怎麼說，那都是完全不可能的事。」

「完、全、不、可、能。」亨利重複了一遍，一字一頓的說，好像在玩味文字後面的意思。他又朝柔伊低下頭來：「那要看妳如何看待能不能這件事了，不是嗎？」

柔伊不知道該怎麼回答。

「看來妳喜歡攝影。」他說：「那妳告訴我，妳是如何理解『紐約之眼』的？」

「你說在富爾頓轉運站那裡嗎？」柔伊回答。「我現在正要走過去。」

「不不不，」他回答說：「我不是說那個建築。我的意思是，從攝影學的角度，如何看待眼窗（oculus）這個詞。」

柔伊皺起了眉頭。

「眼窗，」他重複一遍，「眼睛如同窗戶，攝影鏡頭也如同窗戶。妳站在哪裡，從站著地方看到什麼，是拍出漂亮照片的關鍵。因為那取決了妳想要看到什麼。妳了解我說的嗎？」

柔伊點頭，儘管其實並不十分了解亨利的話。

「從攝影角度來說，」咖啡師繼續說，「眼窗就是妳安置鏡頭的地方。眼窗的英文取自拉丁文的眼睛之意，鏡頭的確就是眼睛，因為其實是妳先看到景象的，在自己的腦中先看到景象。在妳自己的眼中。」

「喔！」柔伊說。從建物底下走過時，她從未想過這個詞的意思。

「現在我說的是攝影，」他補充，「說故事其實也是同樣的道理。一趟即將開始的旅程也一樣。要為即將上門的朋友，準備

餐點也是一樣。重點是,妳站在那裡,就有了三樣東西:一個是妳,一個是世界,另一個是鏡頭。妳想要創造一點什麼?」

芭芭拉怎麼說他來的?他是一座寶山。但對柔伊來說,躍入腦中的詞彙卻是「古怪」。但是也不能說他不風度翩翩,不正面積極。明顯的老式風格,就像這家咖啡廳的風格。

亨利朝咖啡廳櫃檯看了看,以確認那邊不需要他幫忙。櫃檯後方,一個戴著圓帽、蓄著鬍髭的布魯克林型男留意到亨利的眼光,他大聲說:「別擔心,亨利。我們可以的。」

亨利回頭看著柔伊,朝角落的高腳桌指了指。「坐下,小聊一下?」

柔伊笑著說:「當然好。」

她隨著亨利走到小桌子旁邊,分別坐上了兩張高腳椅。亨利把他那本歐洲知識分子最愛的義大利 Moleskine 筆記本翻開來,從封面內側口袋抽出素描筆,開始在紙片上塗畫著什麼,只見他手指在筆記本上飛舞。幾分鐘後,他把筆記本遞給柔伊看。

筆記本內頁描摹了一塊碑石,上頭寫著:

柔伊‧丹尼爾
生於??卒於??

「我們假設，這就是妳的人生好了。」

「真的，」柔伊淡淡的說：「太可憐了，這麼早就死了。」

亨利笑起來，「妳還取笑我。我們假設現在要來寫一個墓誌銘。這個就是妳的眼窗，」他用筆敲著素描，「這是妳現在站立的地方，回頭展望過去：也就是妳的人生。那麼，這會是怎樣的風景呢？」

柔伊凝住呼吸。

她一下無法用語言表達，但是亨利剛剛說的，就是過去幾天困擾她的。她現在的人生風景究竟如何？她不知道。

如果你不知道要去哪裡，
只怕去了哪都不會快樂。

「妳明白了嗎？」亨利說：「圖景首先出現在腦中，然後才會實現。所有的風景都是先出現在腦中。那個風景會召喚妳，那是妳的眼窗。」

柔伊的手機響了，她瞄了一眼，是一位早班實習生傳來的，想知道要從哪張圖開始編修。

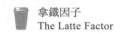

「妳要回去工作了？」亨利主動問道。

「我真的要先離開了。」柔伊語帶歉意：「非常感謝……有這個機會閒聊一下。」她不知道該稱這個簡短的談話為什麼，一堂關於如何取景的藝術課？

「這場談話很愉快，」就在柔伊起身，準備往門口走過去的時候，亨利說：「隨時歡迎繼續聊下去。」

花的比賺的多，人生卻缺少了生活

柔伊來到 33 樓時，編輯部已經開始全速運轉了。她和實習生有個 3 分鐘的短會，交代了代辦事項，又和美術組的開了一個小會，然後就打開筆電，被工作淹沒了。

儘管如此，她也不時在潛意識想著和海倫娜咖啡師的閒聊。芭芭拉怎麼說他來的？他看事情的角度很不一樣。「這個一點都沒錯。」柔伊自言自語道。簡短的閒聊，愈想愈覺得很不一樣。

妳站在哪裡，從站著地方看到什麼，是拍出漂亮照片的關鍵。因為那取決了妳想要看到什麼。妳了解我說的嗎？

坦白說，一點都不了解。

對了，他還提到了她的咖啡。

如果妳買得起拿鐵，妳就買得起那幅畫。

還有這句：

或許，妳比自己想像更富有。

都在說些什麼呢？

這個晚上，柔伊沒有睡好。

事實上，她每晚都沒睡好。通常，她總在凌晨兩、三點之間醒過來，然後就清醒地躺著，回不到睡夢中。她也沒有為什麼特別的事情焦慮，但就是說不上原因的焦慮著。

但是這個晚上比其他夜晚更嚴重一點。因為，凌晨醒來之後，她又昏昏睡去了，而焦慮伴隨她進入夢中。

夢中，她在健身房的跑步機上。突然，機器加速了，但她並沒有按加速鍵。沒問題，她加快腳步就是。可是，機器又再次加

速了。她開始全速奔跑。她開始按減速鍵，但是卻愈按愈快。她現在跑得上氣不接下氣，心都快要跳出來了，依然趕不上跑步機的速度。

她在氣喘吁吁中醒過來，T恤已經被汗浸溼了。她在黑暗中摸到放在床頭櫃上的水，慢慢地，她的眼睛適應了黑暗，她的心跳也從怦怦跳，回復到正常。

不需要有心理學的學位，誰都能知道這個夢的意思。她清醒時就是在一部每週運轉50個小時的跑步機上，這台跑步機還不受她控制。早上，從布魯克林到曼哈頓，晚上從曼哈頓回到布魯克林，賺錢，花錢。通常，花的比賺的多。用一個殘酷的比喻，就是她用自己的生命全速奔跑，卻不知道要去哪裡。

在半明半暗的光線中，她打量著公寓四壁，總在這樣的時刻，特別誠實的面對自己，她感覺到自己的人生中缺了一點什麼，而缺了的那一點，又是非常重要的。那是什麼？是愛嗎？她還年輕，還有大把的時間。朋友嗎？她有潔西卡，還有其他好些朋友。

到底缺了什麼呢？她想，應該是缺少生活。

第 **4** 章
——
先付錢
給自己

　　週三早上，柔伊比前一天更早去了咖啡廳。她發現亨利站在後方，面對照片，陷入沉思中。她回想第一天遇見時，也正是這個時間點。「不好意思。」她說。

　　亨利微微震了一下。「哇，柔伊。」他開心的招呼說：「我正在欣賞我們都喜歡的這幅照片呢！」

　　「對不起。」柔伊引用前天他對她說的話：「無意要嚇到你。你看得太專注了。」說著，柔伊露齒而笑，亨利也回她一笑。

　　「好記性啊！」他說。

　　柔伊看了一眼海灣小村的照片，轉身對著亨利說：「我有點不解……」柔伊猶豫了一下，想著該怎麼說得更清楚一些。「昨天，你說，如果我買得起咖啡，就可以買得起那張照片？還有我比想像富有？」

　　亨利點頭。

　　「這句話具體是什麼意思？」

七成的人，賺的錢只夠付帳單

亨利低頭，把食指壓在嘴唇上了一會兒，說：「讓我這麼問好了，如果要買得起這幅畫，妳需要做哪些改變？」

「坦白說，我需要一份比現在薪水更高的工作。」

「嗯哼，」亨利說：「妳不介意我討論一些私人的問題吧？」

「怎麼會呢？」柔伊說：「你都提到我的墓誌銘了，還能比那個更私人嗎？」

「這個想法不錯。」亨利微笑：「妳在哪裡高就？妳提過，在曼哈頓下城區？」

柔伊點頭。「世貿中心一號大樓。」她簡短描述了一下在旅行雜誌社的工作。

「我猜，那是一份很體面的薪水。」亨利說。

「很體面。」柔伊同意地說道：「但是不體貼。住在布魯克林區不便宜。」

「這是實話。如果可以，我想再問一句，妳在這個位置上做多久了，很長時間嗎？還是很短時間？」

「前後 6 年了。」

「很好。這個時間足夠一個年輕人發揮專長，累積經驗，得到提升機會。我猜想，妳現在的薪水要比 6 年前多一點，是嗎？」

「是的。」柔伊回答。

亨利也點點頭。「那麼，妳現在比 6 年前富有一些了嗎？」

柔伊眨一眨眼睛。「更富有一些？」她說到富有這兩個字，彷彿在說外文。

「就是手上可靈活支配的現金，比較多了嗎？私房錢啊？」

事實是，2 年前芭芭拉提拔她從助理編輯到副總監，薪水順勢漲了好大一截。可是看似她賺得愈多，生活花費也就愈多。她的財務更加無法平衡。

「更富有？」柔伊重複道：「沒有。我必須承認，我沒有更富有。」

「好，其實不只妳一個人如此。我看過一篇很棒的報導。那篇文章說，在美國有半數以上的人在突然需要急用時，口袋裡掏不出 400 美元的閒錢來。有七成的人，形容他們的生計就是剛好付帳單，甚至很多人靠信用卡預支過活。」

　　「這是真的。」很多人與她有同樣情景，倒不讓柔伊意外。反過來說，這不就是她參與編輯的旅遊雜誌如此暢銷的原因嗎？不能來一趟說走就走旅行的人，至少可以在紙上隨意遨遊。

　　「現在我們進入一個真正有趣的地方了。」亨利說。「因為在回答為什麼不存錢，或者做點退休規劃時，大部分人的答案和妳一樣，『因為薪水不多』。」亨利淺笑著：「儘管他們這麼說，但是其實這並非事實。**收入增加，並不會改善他們的處境。**」

　　柔伊覺得腦袋轟的一下，驚醒過來似地問：「等一下？你說什麼？」她覺得一定是自己聽錯了。「收入高沒幫助？但是……可是，收入高才有幫助啊！」

　　亨利搖頭。「不是喔！**很多人，在收入更高之後，卻花了更多錢買東西。**」

　　「那不是……」柔伊想說，不是真的。至少，我不是這樣的。

　　是嗎？

　　「妳有沒有常看到，」咖啡師繼續說：「有些電影明星，或者運動明星，突然紅起來，身價也一夜暴漲，然後接下來的新聞，就是他們又破產了。」其實，柔伊一週前就看過一篇這樣的報導。「多少樂透得主最後債台高築？對這些明星和中獎者來說，收入

不是問題，對嗎？問題是如何留住這些錢。」

「柔伊，一個弔詭的事實是，賺得多，特別是非常之多時，未必表示更富有。為什麼會這樣？因為對大多數人來說，就是賺得多花得多。**收入是水，支出是船，水漲船高。**」

亨利回頭望了一眼咖啡廳，又對著柔伊說。「在妳趕地鐵去上班之前，還有幾分鐘的時間嗎？」

「有的。」柔伊說。她今天早上特別提早出門，就是為了來咖啡廳。在跟著亨利往小圓桌走過去時，柔伊又想起了那張照片：收入是水，支出是船。

水太多，會翻船；水太少，會擱淺。

「要富有，要能財務自由。」亨利走到桌邊，轉頭對著柔伊說：「其實很簡單，只要做到三步驟。」

「讓我猜猜，」柔伊說：「寫一首排行前 40 名的暢銷歌曲、中樂透、有個有錢姨媽，而且她還特別愛你，把你列為繼承人。」

亨利笑著站起來，柔伊在前天坐的位置上坐下來。

「我稱之為財富自由的三個祕密步驟，」亨利說：「儘管看起來很尋常，大家都知道，但是知易行難。」

「我們就從第一步說起。」

「我迫不及待想知道。」柔伊說。雖然她覺得亨利有點怪，但是也不能說他不具洞見。她第一次有點想知道亨利的故事，他來自哪裡，怎麼會跑到布魯克林區來，在一家小咖啡館工作。

拿到薪水，先付錢給自己

「如果可以，我想請教，妳上週的工時多少？」亨利說。

「40 小時左右。」其實可能快到 50 小時了。

「很好。在這些時間裡，為妳自己工作的有多少？」

柔伊想要開口回答，卻發現不太確定，全部都是為自己的？全部都不是？「我……我不是十分清楚你的問題。為我自己工作？是什麼意思？」

「為自己工作，比方說，賺來的錢花在自己身上，用於安排自己的生活，投資在柔伊身上的。」

「喔！」柔伊停頓了一下。然後說：「我還是不太知道要怎麼回答。」

「那我們來畫一張圖吧！」亨利攤開了他的筆記本，拿出素描筆，一邊說一邊在紙上畫了起來。

「比方說，妳從早上 9：00 開始工作。通常，早上 9：00 到 11：30 的薪水直接繳稅。」

亨利畫了一個鐘面，把 9：00 到 11：30 的時間區間隔了出來，裡頭畫了一袋錢和留著鬍鬚的山姆大叔。

「哇，」柔伊嘟囔著，「我從來沒有這樣想過。」

亨利點頭。「這會想讓妳想從午後再開始工作。」他笑著說：「之後，從 11：30 到 2：00，妳要支付……」亨利抬頭看著柔伊，「貸款？房租？」

「房租。」柔伊說。亨利的畫筆讓她驚訝，簡單幾筆，卻快速而精準，很快就完成了。好像構圖早就等在筆端，此刻只是流到紙上。

「很好。房租和水電瓦斯等。從 2：00 到 3：00，就是交通費了。從 3：00 到 5：00 的薪水，是要支付其他所有費用的：健康保險、娛樂、債務和信用卡……」

「還有學生貸款。」柔伊補充說。

「嗯，對。」亨利說。「學生貸款。各種東西。當然，還有零碎雜物……」

「餐點，大多時候都是外食。」柔伊說。

「喔，」他朝柔伊手上的拿鐵示意，說：「還有咖啡。」

「是的。」她說：「我們可別忘了咖啡。」

「就在這一塊。」他說：「原本可以存起來的，妳還要挖走幾分鐘。儘管大部分的人不會這樣。所以，一天上班下來，就沒有餘錢買妳想買的照片了。」

　　儘管聽起來很悲哀，最後這幾句話卻讓柔伊非常觸動。妳想買的照片。她點點頭，想聽下去，亨利接著要說什麼。

　　「好了。我說過三個祕密，對不對？現在聽好，第一個。」

　　他翻了一頁紙，迅速寫下一個標題：

1. 先付錢給自己

　　「先付錢給自己，」柔伊重複了一遍，自顧著點頭說：「那是當然的。」

　　「妳之前聽過此一說？」亨利問。

　　「我不太記得在哪裡聽說的，但是這話好熟。」

　　「很好。」亨利說：「妳知道這話的意思嗎？」

　　柔伊正想開口說當然知道，但是話到嘴邊，卻停住了。「我想，我是知道意思的。」

　　亨利笑著，揚起眉毛，彷彿在問：確定？

　　「確定，」柔伊說：「當我拿到薪水時，我第一應該把錢花

在自己身上。」她看著亨利問：「不是嗎？」

亨利笑了笑，「很接近。這是大多數人以為的意思：賺到錢時，第一該犒賞的是自己：買一些好東西、買一點想要的東西。」

「可是，難道不是嗎？」

「其實不是，」亨利說：「先付給自己的意思是把錢留給自己，存起來的意思。用另一種方式來說，**為自己存下第一個小時的收入。**」

亨利翻開新的一頁，在上頭畫圖。

　　「去上班是用時間換取金錢。為什麼整天工作，而且從週一到週五，」他一邊說一邊畫：「不能至少有 1 個小時是為了自己做的？雖然大多數人的做法是，拿到薪水後，等政府拿走一大塊之後，他們再用剩下的錢去付帳單、買東西。如果這之後，還有錢多下來，而且不是一個小零頭，或許他們才有可能為自己存起來。換一種方式來說，就是他們先付了其他人，最後才留給自己。如果還有結餘。

　　「這就是為什麼大多數人每天工作 8、9、10 個小時，日復一日，年復一年，一輩子大約工作 9 萬個小時，9 萬個小時啊！最後退休之後，卻發現帳戶裡沒什麼結餘。因為他們的錢都用去幫助別人累積財富，卻沒有幫到自己。」

　　柔伊沉默一會兒。她的父母不就是這樣的嗎？

　　「哇！」她說。

　　「是啊！哇！」亨利同意。

　　一陣短暫的沉默之後，柔伊說：「那麼，該如何做到？」

　　亨利認真的看了柔伊一眼，說：「在妳還是小女孩時，有沒有把零錢丟進存錢筒裡？存一段時間，去買一樣想要的禮物。」

　　柔伊還真的這麼做過，雖然已經不是小女孩的時候了，當時她 18 歲，剛去紐約開始大學生活。那個暑假，她 1 美元 1 美元的省，3 個月後她買下了一輛腳踏車，從此她開始探索新城市。這個舉動叫她自己都很驚訝，因為她在理財方面一向沒什麼概念。後來，她也試過，在廚房流理台上放一個罐子，朝裡頭丟 10 美元，或 20 美元，但後來都沒用，因為總會有些事發生，然後罐子裡的錢就花光了。

　　「這是同樣的道理。」亨利說，「和丟零錢到罐子裡一樣的，妳把零碎的錢先用來『支付給自己』。也可以說，那是一個退休帳戶。」

　　「就像 401(k) 帳戶＊。」柔伊說。

　　柔伊上班的雜誌社參加了 401(k) 計畫，她記得剛來上班時，就被告知了這一點。後來，她也一直都會收到郵件通知，不斷提醒她有空坐下來，設定好自己的退休帳戶。

　　「其實 401(k) 的設計構想非常簡單，」亨利說：「每次妳賺到一筆錢，就有部分會撥過去,比方說 10% 好了,在政府課稅前,

---

＊ 401k 帳號：也稱退休福利計畫，是美國在 1981 年創立的一種退休金帳戶計畫，政府把相關規定都納入在國稅法第 401(k)條目中，因此簡稱為 401K 計畫，個人的退休帳戶也稱為 401k 帳號。

就先撥到那個帳戶去。日積月累，複利加上去，就很可觀了。」

「複利是怎樣算的？」柔伊問。在遣詞用句方面，柔伊很在行，但是說到數學，她就不行了。

她的疑惑沒有逃過亨利的眼睛，他說：「現在，就讓我來解釋給妳聽。」他伸手到自己口袋裡，掏出一張 5 元的美鈔，放在桌面上他和柔伊中間的地方。

「比方說，妳每天把 5 元放在一個存錢桶裡。1 週後，存錢桶裡會有多少錢？」

「1 天 5 元，1 週後嗎？」柔伊問，那還不簡單。「35 元。」

亨利點頭。「也就是說 1 個月會有 150 元。現在我們假設妳每天放 5 元在一個複利帳戶，每年利息是 10％。妳知道，1 年之後，這個帳戶會有多少錢嗎？」

柔伊想一想，150 元乘以 12 吧？「我不太確定。應該比 1,500 多一點吧？」

亨利點頭。「加入複利之後，應該是 1,885 元 *。讓我們再

---

* 這裡採按月計息，公式為 150×（1 ＋年利率 10％ ÷12）=151.25，第二個月股計算方式是第二個月存 150 元再加上第一個月的本息，以此類推。

來看一看，更久之後會發生什麼事。」

他又從口袋裡掏出一個小計算機來，開始在鍵盤上按數字。現在，還有誰會用這種計算機啊？柔伊想，自顧著笑起來。這位咖啡師還真老套。

亨利停了下來，看著柔伊說：「我們就繼續用 1 天 5 美元來算，過了 40 年之後，妳覺得該是多少呢？」

「我不知道，可能……」柔伊猜想，該不會是 5 萬吧？但好像應該再多一點才是，於是她就把 5 萬加了 1 倍。「10 萬？」

亨利笑著回答：「不，差不多 10 倍。」他把小本子遞給柔伊，上頭寫著：

1 年 =1,885 美元
2 年 =3,967 美元
5 年 = 11,616 美元
10 年 =30,727 美元
15 年 = 62,171 美元
30 年 =339,073 美元
40 年 = 948,611 美元

圖表 4-1 1 天存 5 美元，複利 10%，40 年後能存多少？

　　柔伊看著這一列數字，「可是……」她結巴著問：「可是，真是幾乎是 100 萬了耶。」

　　「沒錯。是接近 100 萬。」亨利回答。他從口袋裡掏了 1 張 10 美元的鈔票出來，把它放在 5 美元的上方。

　　「現在，我們抬高本金，假如我們一天付給自己 10 美元，放在我們的稅前帳戶上。我們來算一算 40 年後的情形」

1 年 = 3,770 美元
2 年 = 7,934 美元
5 年 = 23.231 美元
10 年 = 61,453 美元
15 年 = 124,341 美元
30 年 = 678,146 美元
40 年 = 1,897,224 美元

圖表 4-2　同樣算法，放進稅前帳戶金額大不同

　　柔伊看著這一列數字，愈往下，眼睛瞪得愈大。「哇！」她說：「你怎麼做到的？」

亨利笑著說：「我沒有做什麼，柔伊。這是大自然做到的。世界就是這樣運作的。細菌是如此複倍生長的、謠言也是這樣傳播的。財富的建立也是如此。也有人說，這是宇宙間最強大的力量，複利的神奇之處也就在於此。」

柔伊看著他手上的試算表。怎麼可能呢？

「每天只要 10 美元……？」柔伊嘀咕著。

「每天只要 10 美元，」亨利重複了一遍，「但是每天 10 美元可以改變妳的人生。但我要強調一下，以免誤解，行為本身是一個小事，丟零錢到存錢桶，每天存 10 美元，這是一個很小的動作，但是決心做這件事，卻不是一個小決定。」他微笑，「這是一個人一輩子最重要的決定。」

柔伊的耳中迴響起芭芭拉的聲音：那就對了，就做點什麼吧！

「現在，讓我來再為妳舉一個例子。」亨利說：「有一個更重要的因素。妳今年幾歲？」在柔伊回答之前，他又補充說：「我知道一個紳士不該問這樣的問題，不過這只是看在科學的分上。而且，我很會保密的。」

「好吧。看在科學的分上，」柔伊一臉正色的說：「27 歲。」

「非常棒，」亨利說：「現在，讓我們假設妳的週薪是 1,000 美元，妳看，我還是很紳士的，沒有直接問妳薪水。」柔伊笑了起來，事實是，這個數字很接近她實際的週薪。「也就是說，1 天 200 美元。」亨利繼續說：「第一條金律，每天第一個小時的薪水存起來。1 天 1 小時，用另一句話來說，就是先付薪水給妳自己。」

「許多人甚至做不到這一點。美國的存款率低於 4%，也就是說能存下來的占不到他們收入的 4%。若照這個比例，也就是說我們每天只為自己工作 20 分鐘。還有兩成的人，完全存不到錢，也就是說，他們付給自己 0 元。」

「喔！」柔伊嘀咕了一聲。那就是她，沒錯：完全零存款。

「假設妳每天工作 8 小時，」亨利繼續說：「讓我們把柔伊工作第一個小時賺到的留給柔伊，那就會是……」在計算時，亨利低下頭，「1 天 25 美元，或許說 1 週 125 元。乘以 52 週，那麼 1 年就會有 6,500 元，如果加上年利率 4% 的複利，就將近 6,800 元。」

他拿出迷你計算機，開始做另一張試算。

柔伊看著他的計算結果，覺得自己的心跳都加快了。

1 年 = 6,798 美元
2 年 = 14,308 美元
5 年 = 41,893 美元
10 年 = 110,821 美元
15 年 = 224,228 美元
30 年 = 1,222,924 美元
40 年 = 3,421,327 美元

圖表 4-3　1 天存 25 美元，1 週存 125 美元，複利 10%，
40 年後能存多少？

數字後的意義更重要，應優先考量自己

亨利寫完 1 個工作放下筆坐回椅子上，等待柔伊看完。

柔伊坐直身體，瞪著數字，300 萬。只要 1 天存 1 個小時的薪水。

亨利瞄了一眼手錶，「時間快到了。」他平靜的說：「妳可能要用跑的。」

柔伊吃了一驚，看了手機一眼，立即跳起來。「我的老天，我真的要走了。」她說。

「走吧！」亨利從高腳椅上滑下來，「我送妳到門口。」

他們往咖啡廳大門走過去時，柔伊說：「這個看起來太……我不知道該怎麼說，似乎太簡單了。」

「是很簡單。」亨利回答：「世界就是這樣的。往往不是複雜的觀念，而是最簡單的觀念會改變人們的生活。」

「我喜歡你 1 天 10 美元的說法。」她說。

他朝著柔伊手中的拿鐵點頭、微笑：「就是妳手上的一杯飲料。妳的拿鐵因子。」

「沒錯。」她回答時，他們已經到了咖啡廳的門口。「我的拿鐵因子。」此時，她對拿鐵因子後面的意義還不甚了解。「這真的很有啟發意義。」她臨走前伸出手來，和亨利握手。

「啊，對了。」亨利看著她一臉疑惑的樣子。溫和的說：「柔伊，現在把那些數字都忘了吧！**數字後面的意義更重要。那就是把妳放在一個優先的位置上，先留一些錢給自己。**」

柔伊皺了眉。她忍不住想起了媽媽對她說過的話，先考慮別

人，柔伊，永遠都要先想一想別人。

亨利肯定的點了點頭。「我懂，這和妳過去所受的教育不太一樣，對不對？好人是不會把自己放在第一位的，總要先為別人著想。妳是不是在猶豫這個？」

「差不多。」柔伊坦承。

亨利點頭。「那也沒錯。為別人著想形塑出我們的人類文明。但是人生有時候很弔詭，**有時候，只有把自己放在第一，才能夠服務他人**。這話的意思，妳懂嗎？」

「坦白說，」柔伊回答：「我不懂。」

「妳搭飛機前，有聽過起飛前的安全解說嗎？裡頭說到一個，就是遇見問題時，要先把自己的氧氣罩戴好，再去幫助妳的孩子？聽起來好像本末倒置了。妳覺得，他們不是應該讓乘客先照顧小孩嗎？但答案是否定的。因為假如妳失去知覺，就不可能再照顧別人的。明白嗎？」

「這個我同意。」柔伊說。

亨利把另一隻手放在握著柔伊的手上方。「下面是我想說的重點。我相信，我們每個人來到地球上，都有特別的使命。做一

些他人無法完成的事。而我們大多數人，卻未能完成我們該做的事，只因為我們總是把別人放在第一。」

搭上 L 線去上班的路上，柔伊想著亨利的話：

我相信，我們每個人來到地球上，都有特別的使命。而我們大多數人，卻未能完成我們該做的事。

她相信此一說嗎？

如果相信，柔伊來這個世上，是該做什麼的呢？

第 **5** 章

——

踏出前的
質疑

　　這天柔伊在工作時，忍不住回想之前和亨利的談話。後來，她拿出手機滑動螢幕。通勤到公司時，她在手機上打了一些文字，現在她重新謄寫到電腦上，分門別類，並做了一些修飾。

　　這就是柔伊的工作日常。她是一位編輯，她有本事把這些零碎的文句，穿針引線重新編排，就像考古學家，可以從出土骨骼中，拼湊出一個遠古時代。下標、修辭，那是下一步才要考慮的。第一步要考慮的是願景：作者想說的重點是什麼？

大多數的人，賺得多的時候，花得更多。
每個人都覺得聽過這話，但實踐的人卻很少。
把自己放在第一位。
有人說，這是宇宙間最強大的力量。
1 天 10 美元，人生大不同。
讓每天第一個小時的收入超過所值

還有昨天記下來的話，很像一個理財大師的格言：

如果妳可以負擔得起拿鐵，妳就可以負擔得起這張照片。

現在對這句話，或者說拿鐵因子的說法，柔伊依然並不十分

明白。

她的拿鐵因子？

一天結束後，下了 L 線走回家時，她在海倫娜咖啡廳停了下來，她想看看亨利在不在，可以再向他請教一下拿鐵因子的事。但是他已經下班了。他是下午 3：00 時離開咖啡廳的，櫃檯後的年輕店員告訴柔伊。

「我應該想到的。」柔伊說，畢竟他早上 7：00 就來了。「我猜想他是上早班吧！」

「早班？」年輕店員笑說：「亨利不輪班的。」

不輪班？「所以，通常他幾點下班？」柔伊問。

「他想哪時候走就哪時候走。」年輕人說，聳了聳肩，「通常是 3：00，但是也可能更晚一點，也可能更早一點。」

他哪時候想走就哪時候走？這是什麼工作？

柔伊回到家，打開前門時，腦中依然在想著這個問題。進入門廳之後，她按了一下寫著傑弗瑞・蓋伯名字的對講機說：「披薩 15 分鐘到。」

　　傑弗瑞住在柔伊樓上，是一位自由工作者，幫忙研發社群媒體的軟體 APP。他也提供一些技術諮詢來幫忙負擔租金，比方如何加快搜尋速度、如何在臉書上打廣告等。當然，他的發財指望就是日後可以發明一款當紅 APP。這些年來，他常常提議柔伊來合作一些項目，每一個他提議的項目，好像都會成為下一個 Instagram 似的。不過，柔伊一直都沒有合作意願。

　　迄今，他們誰都沒有成為下一個 Instagram 的開發人。

　　傑弗瑞為人不錯，柔伊喜歡他，但受不了他總是憤世嫉俗的樣子。對柔伊來說，他對「富人」會自然產生一種敵意，而且特別針對成功富有的企業主。就拿她去上班的企業就是其中一例。儘管她很好奇，如果哪天傑弗瑞的 APP 也找到一個黃金市場，他不是也會變成這些成功企業家之一嗎？儘管如此，他們依然是好朋友，他們發展出每週一起共進一次晚餐的相處模式，輪流作東。

　　今天晚上輪到柔伊。路易吉家的披薩，經典口味，小小披薩上有各種配料。這是布魯克林區最好的披薩，一通電話搞定，而且不用洗碗盤。

　　坦白說，這是柔伊和傑弗瑞少有的共同之處。傑弗瑞不煮東西，柔伊也一樣，最多偶爾烤個貝果，或者做個超大的歐姆蛋。柔伊的媽媽也對下廚沒興趣，他們家用的更多的是冷凍櫃和微波

爐，而不是冷藏室和烹煮爐。柔伊的外婆喜歡烹飪，到了媽媽那裡就造反了。「烘焙？我甚至不會做糖霜。」媽媽總愛這麼說。

他們一起享用披薩時，柔伊把咖啡師的古怪論點告訴了傑弗瑞。

亨利身上有種特別的氣質，吸引著柔伊，簡直可說是磁力了。也可以說魅力，但又有奇怪的原因，她無法靠近。就像那張非常吸引她的照片一樣。

傑弗瑞聽著柔伊的敘述，一聲也不吭。

柔伊把她那份吃完後，擦乾淨手指，拿出筆電。白天上班時，她已經抽空重繪了亨利畫的表格，也就是理論上說，如果她 1 天存 25 美元，1 年就可以存到將近 6,800 美元，40 年後，更是一個天文數字的存款。

她從電腦中調出那張表格來，分享給傑弗瑞。

「傑弗瑞，你看，」她說，「40 年後，我 67 歲，也就是法定退休年紀的時候，超過 300 萬美元的存款耶！」

她的好友也擦乾淨手指，然後往後靠了靠，再舔乾手指，看著柔伊。

「真的假的？」他說：「柔伊，給我一點時間。10%？怎麼可能？哪裡可以有 10% 的利息？那是多久之前的事了。」

「此外，整個體系也有問題。柔伊，妳知道的。妳愈是想存錢，政府就拿走了愈多。」

可是，亨利說了，要在政府課稅之前，就先存起來一些？對此，柔伊尚未弄懂。

「還有一個，就是通貨膨脹。妳知道，40 年後 100 萬值多少嗎？可以和老房東租一個床位就不錯了。還有 401 退休金計畫，其中諸多的限制和條款，都是坑我們的。」他又補充說：「還有，誰知道妳會在這家公司工作多久？如果有一天離開，退休金又不知會發生什麼變化？」

「我無意冒犯，但柔伊，他到底多有知識？那傢伙幾歲了？60？70？還在煮咖啡？」

對於這些問題，柔伊也沒有答案。

傑弗瑞謝過柔伊的披薩，回去樓上。柔伊用了 45 分鐘洗頭，清理幾乎沒什麼存貨的冰箱，洗刷了一下原本就不太使用的爐

台。直到她累得把自己塞到堆滿東西的沙發上，她才明白什麼叫潔癖。

她不想一直繞在朋友的懷疑論調中。

亨利畫的圖表，關於「每個人來到地球上，都有特別的使命」的說法，都依然在激勵著她。柔伊必須承認，亨利的話激起了她人生的希望。

傑弗瑞卻把這些希望都擊毀了。

像那樣的複利不過是老掉牙的東西。

她拿起手機，在最常聯絡人當中點選了老媽，電話響了 4、5 聲後，老媽接了電話。

「嗨，老媽。」

「嗨，寶貝女兒。都好嗎？」老媽的聲音聽起來很沒力。

「我都好。老媽，妳那邊呢？妳的聲音聽起來好疲憊。」

「就是討厭的流感。」老媽回答：「先是妳老爸中了，後來，我猜想，流感一定覺得我更可愛一點。」老媽嘆了一口氣，但是她再說話時，柔伊聽得出她聲音中的笑意。「聽到妳的電話，我

就已經覺得好多了。妳最近都好嗎？工作上也都順利嗎？」

「都好，沒問題的。我可以請教一個問題嗎？老爸公司幫他辦了 401 退休帳戶？如果他換工作，會怎麼樣嗎？」

「噢，柔伊，我還真不知道。」老媽說：「那都是妳老爸自己在處理的。妳該不是想要換工作吧？」

柔伊聽到有其他電話插播進來的聲音。她看了看螢幕，是潔西卡。「現在我還不知道，媽媽，對不起，我要先掛電話了。」

「寶貝，為已經擁有的而喜樂。遠山上的草沒有比較綠。」

「好了，我知道了。我明天會再打給妳的。我現在要掛電話了，愛妳喔！」

說完，柔伊就掛上了媽媽的電話，但就在她要接起潔西卡電話時，她突然猶豫了一下。她也說不上什麼原因，但是現在她還不想和潔西卡通話。她讓電話自動轉去了語音信箱。

她看到新留言的燈在閃，她才拿起話筒，播放留言。

「哈囉，柔伊。我們約週五，對嗎？這週該我請客。我們就週五見囉！對了，妳和老闆談過要離開雜誌社的事嗎？」

柔伊掛上電話，重新設定好。「沒有，」她對著空蕩蕩的公寓說：「還沒有。」

柔伊再次考慮了經紀人工作的事，其實這個禮拜已經是她本週的第 100 次考慮了，這個高薪水職位後面的高風險，高壓力。她深深吸了一口氣，又緩緩吐出來。

潔西卡是生活步調快的人，這是無庸置疑的。如果傑弗瑞職場哲學是忙中偷閒，那麼，潔西卡的職場哲學則是把餅做得更大一點。在職場上，她根本不是一級一級往上走，而是一路衝到頂，然後高高站在雲端上。

那麼柔伊，她自己秉持的職場哲學是哪個呢？

第 **6** 章

———

好習慣勝過
列預算

週四早上，外頭有點冷，儘管柔伊裹緊了大衣，走在風中還是覺得冷到骨子裡頭去了。她在要進入海倫娜咖啡聽時，猶豫了一下。傑弗瑞說的話言猶在耳。她雖然不喜歡他的憤世嫉俗，但他說的也有幾分道理，不是嗎？或許，她可以進去略作停留，然後就去上班。

她深吸一口氣，推門進去。

她發現亨利坐在角落的高腳椅上，坐在他對面和他說話的高個子男人打扮非常牛仔風：打著領結，燙得硬挺的襯衫，黑色的牛仔褲，蛇皮靴，臉像內華達山脈一樣飽經風霜。

排隊等著買拿鐵時，柔伊不禁想到，亨利坐在那張桌子的神情，好像這裡是他的辦公室。突然有個念頭閃過柔伊的腦子，或許亨利不是咖啡師，而是早班經理。但芭芭拉不是說他是咖啡師嗎？

編列預算對個人一點都不管用

「早安啊，柔伊。」看到柔伊拿著拿鐵走過來，亨利招呼道：「這位是我朋友，拜倫，在能源產業做事。」

「我叫本・唐森。」男人說，上前來和柔伊握了手。「可是我的朋友都叫我拜倫。不過我的冤家都在奧克拉荷馬州，所以也不在乎別人怎麼叫我。」

「很高興認識你，拜倫。我是柔伊・丹尼斯。」柔伊也握住了他的手。如果說亨利的手好像一款精緻的油畫布，拜倫的手則像水牛皮。「希望我沒有打擾你們。」柔伊說。

「沒有的事。」亨利說，對著一張空座椅示意著。「請坐。柔伊也喜歡漂亮的攝影照片。」柔伊在凳子落坐時，亨利對拜倫介紹說。

「亨利也分享了他的理財洞見。」柔伊說。

拜倫眉頭皺了起來。他緩緩點頭，說道：「喔。就是那三個祕密？首先付錢給自己？」

「正是。」柔伊說：「致富很簡單，每天 10 美元。」她笑著回答。

拜倫又皺起眉頭。「哎，」他嘆氣說：「你這個咖啡小子，給小女孩灌輸了什麼？」

亨利笑著朝拜倫靠過去。「其實她已經很富有了，只是她不

知道。」亨利自信的說，又朝柔伊微笑著。

「哇，」柔伊說，「還真高興現在知道了。」

拜倫咯咯笑著。

亨利低頭，看著柔伊說：「雖然妳也遇到了一個難題。」

不是一個，是好幾個。柔伊說：「很大的難題。碰到理財的事，我就成了麻瓜。」

亨利點頭。柔伊繼續說：「坦白說，我很難執行什麼理財方案。我理解『先付錢給自己』的點子。但是我不覺得自己可能在日復一日、年復一年的生活中，實際落實這一做法。」

亨利點頭。「妳可能是做不到。那就是為什麼還需要第二個祕密了。」他停頓一下，讓他們的思路跟上來。「我猜想，妳一定聽說過羅列預算的種種好處。」

柔伊心想，喔，老天，還真戳中要害了。柔伊最討厭預算，雖然她知道這才是理性的做法，但有時候，她就是不願意做。

「預算。」拜倫大聲說：「哈。寫預算時，你好像已經統攬全局，寫完後，就是和其他垃圾一起丟進廢紙簍的下場。」

柔伊忍不住大笑起來。看來這個拜倫與她是同一國的。

拜倫還沒有就此停止。他繼續說：「預算，什麼鬼啊？」說到激動處，他彎下身子，對著柔伊：「妳剛說妳討厭預算，對嗎？」柔伊點頭。

「那最正常不過了，因為每個人都討厭預算。好啦，也不是每一個人啦！也有少數人，他們天性就喜歡預算。這群人簡直好像獨角獸一樣稀奇。我們需要這樣的稀罕人類，所以讓他們身居要職。在我工作的地方，就有一個，他是財務執行長。我想，他可能枕頭底下都放著一張預算表。我們其他人都是平凡之人。我們討厭這種事情，避之如毒藥。」

柔伊倒是好奇，儒雅的咖啡師對這樣率直的言論作何反應。

亨利只是點著頭說：「他說的沒錯。」

柔伊看著亨利說：「啊？什麼？」

「編列預算對企業或其他組織機構來說，成效不錯。」亨利繼續說：「但對我們個人來說，效果不佳。如果需要列出每週支出預算表來存點錢，那幾乎是不可能的事。不是哪一個人的問題，是人性如此。**個人的支出預算看似有理，其實是行不通的。**」

「妳知道為什麼會這樣嗎？」拜倫問。

柔伊清了清喉嚨，說：「不知道。為什麼？」

「因為很無趣，這就是原因。」拜倫又開始長篇大論起來，「就像節食一樣，知易行難。清楚想好錢要用在哪裡，然後把生活壓縮到針孔那麼小，簡直是惡夢。不如順應天性，想怎樣生活就怎樣生活吧！」

亨利笑說：「這話確實沒錯。這也多少正是我要提出『先付錢給自己』一說的原因。雖然聽似荒唐，卻是最可能行之有效的辦法。」

他把筆記本翻到昨天打開的那一頁，在「先付錢給自己」的下方，寫上：

2. 不做預算，而是養成習慣

「如果強迫自己每週寫 1 張支票，或在線上完成存款，早晚會不想做的。沒什麼原因，就是不想去做。」

「柔伊，我問妳，妳覺得自己很忙嗎？」

「是。」柔伊回答,「保守一點來說,今年工作都滿了。」

亨利點頭。「那也是理所當然的。每個人都很忙。我想,要妳再多列一個週預算,然後照著預算生活,大概是最不可能的任務了。雖然,事實可能是妳就不想做這件事。」

這點柔伊沒有異議。

「唯一的辦法,」亨利說:「就是把這些每天都需要去做的事,設定成一個自動系統,讓它們自己完成。就不需要紀律、自律,或者什麼意志力了。就是設定,然後完成。」

「不在口袋裡的錢,就不要花。」拜倫說。

「這就是了。」亨利說:「這就是自動體系的完美。不管隔週,還是每週,或是每月,每次拿薪水的時候,就會有錢自動轉到 401 帳戶去,甚至還在交稅之前。就是類似的道理。」

「這麼簡單?」柔伊問。

「必須這麼簡單啊!如果不夠簡單,就會堅持不下去。如果沒有變成自動的,也不可能堅持下去。」

「設成自動完成。」柔伊嘀咕著,把字打進手機。

ⓘ 設定帳戶自動化，才能有效儲蓄與投資

拜倫又開口了。「這個政策政府也是花了好長時間才想出來的。直到二戰時，我們富裕的美國人賺到了總是先放在自己口袋，然後第二年才交稅給政府。問題就在，我們富裕的美國人不太會計畫，不列預算。」他笑著說：「因此政府花了很多力氣，教我們如何省著花，次年可以有錢交稅。然後，戰爭後的出生那一代，一樣沒有改善。因此，美國政府老大想到『用這套體系，簡單就可以收到稅』。」

「自動。」亨利補充說。

「自動的。」拜倫重複一遍，「在薪水還沒到達沒紀律的小手裡前，就先自動扣款了。而且，妳知道嗎，竟然有效。我們每賺 1 美元，政府都先課到了稅。」

「然後公司企業加入到這個遊戲中來。」亨利說。「妳有參加過哪家健身房的會員嗎，柔伊？」

柔伊是健身房會員，她會去使用跑步機和其他設備。

「他們是不是每個月從妳的帳戶自動扣除會費？」

柔伊點頭同意。「我參加時，他們就這樣設定的。」

「沒錯！」拜倫說：「現在許多公司都這樣，因為這招有效。」

「所以這就是第二個祕密了。」亨利說：「只要對自己也這樣，就可以了。其實政府也對妳做了同樣的事，在他們收稅前就先為妳做了一件事。」

「我的 401 退休帳戶？」柔伊嘀咕。

「是的，妳的退休金帳戶。」亨利同意說：「也就是稅前退休金帳戶。還有其他類似的計畫，比方說自僱者的 SEP 退休金制度，其他國家也有其他的名稱。雖然名字不同，有一個細節卻是一樣的，**就是在交所得稅之前，先存錢養自己的老。**」

「說到這個，」拜倫說著，把座椅往後推了，站起身來。「女士、先生，我覺得這個時候該配上海倫娜的好點心。這位女士，喜歡什麼？」

柔伊微笑著說：「我不餓，謝謝！」她已經忘記了上一回被稱作女士是什麼時候了。

「你朋友和你一樣，老派優雅。」柔伊和亨利看著拜倫走去櫃檯拿點心。

「沒錯。」亨利說：「而且百折不撓。拜倫過去在石油產業做事，現在那個產業時機不好。後來來紐約，找到了現在的工作，在一家公司的能源部門研究可再生能源：風力、太陽能，還有其他新科技。非常有趣。還有氫能源，廢棄的熱能再利用……」他加重了語氣。「我老爸那一代，都沒聽說過的新玩意。」

柔伊笑了起來。她對拜倫的印象還真不錯。

「歡迎來到未來社會。」亨利補充一句。他又看著柔伊說：「但是，妳依然有疑問。」

「是的。」柔伊說。「我想，疑問還不止一個。」

「沒關係，我們來討論。」

柔伊想說，討論當然好。但柔伊不想出口傷人，但是她不知道如果不開口說出來，傑弗瑞的疑問就會一直留在她腦中。

「就是，昨天，」她開口，亨利點頭。「你提到把收入的部分拿出來，放到另一個帳戶，1 年賺到 10％利息。」亨利又點頭，「這點我不理解。我的一個朋友說，現在是不可能有 10％利息，那是過去的行情了。」

　　亨利笑了。「我了解。許多人都對此持懷疑態度。可是事實是，從 1926 年之後，他們開始有可靠的數據紀錄之後，股市每年的平均獲利率超過 10％。當然，經濟景氣時好時壞，有熊市、有牛市。收入多少還與時間點有關，也和投入哪個企業有關。但是去除個別例外事件，從大局來看，平均成長還是在 10％以上。市場有時起，有時落，但是落了之後，通常還是會起來。沒有哪個市場是跌了之後，就再也不起來的。」

　　「2008 年金融海嘯之後，大家都說賺錢的時機已經過去了。猜猜，後來的市場行情？」

　　「又起來了？」柔伊問。

　　亨利點頭同意：「平均年獲利超過 10％。」

　　「哇！」柔伊驚呼。

　　「從過去的歷史來看，」亨利說：「最保守的估計，股市債券的獲利也在 8％以上。不過，具體數字不是重點。重點是，存錢，複利讓錢生出錢來。」

　　「嗯哼！」柔伊回想著和傑弗瑞的對話，「可是即便我取出部分收入到另一個帳戶，政府還是要課所得稅的，不是嗎？不管我放在原本的薪水戶頭，或另外的戶頭？」

　　「這點沒錯。但如果可以多存一點，而不是把收入的 30%
交稅給政府，妳手上會有更多現金，可用於投資。時間和複利會
讓妳更有餘裕。這些生出來的錢，不用繳稅。」說著，亨利翻開
了筆記本新的一頁。「這裡，我來畫給妳看。」

　　亨利畫出一張圖表，上面有兩條上升的曲線，還標注了一些
數據。

　　前方櫃檯處爆發出一陣笑聲。柔伊抬頭看了看，看到拜倫正
在和其他客人聊天，他說了一個笑話還是什麼。他們大笑著，櫃
檯後方的工作人員也跟著一起笑。

　　亨利不受這些聲音的影響，解釋他畫出的圖表。

　　「我們舉例來說，妳每年投入 1 萬美元在投資上，30 年後，
這筆錢會變成 66.1 萬美元。但如果妳把這筆錢放到一個延後繳稅
的帳戶上，同樣金額，同樣時間，金額會超過 170 萬。也就是說，
3 倍之多。」

　　柔伊無法核實具體數字細節，但她看得出大數據。「沒錯，
近 3 倍。」

　　「是的，如果不先繳稅，就可以照著這條曲線成長。」亨利
解釋：「金額快速成長。我不是叫妳不要繳稅，只是延後繳稅。

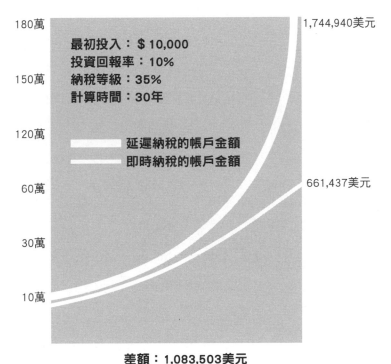

180萬 ┤   1,744,940美元

最初投入：$ 10,000
投資回報率：10%
150萬   納稅等級：35%
計算時間：30年

120萬

━━━━ 延遲納稅的帳戶金額
━━━━ 即時納稅的帳戶金額

60萬   661,437美元

30萬

10萬

差額：1,083,503美元

圖表 6-1　延後繳稅帳戶大不同

如果妳實在想先繳稅，建議可以開一個羅斯 IRA 帳號，那裡產生的收入是不用課稅的，因為進去的錢原本就已經繳過稅了。但是如果讓我在先保有現金，之後再交稅給政府；和先繳錢給政府，然後再存現金之間做選擇，我當然先存現金，再繳稅。妳當然可

以有自己的選擇。」

柔伊盯著看了很久。「這個道理不是人人都該知道的嗎？」

亨利聳聳肩膀。「這是個好問題。有時候，最直白的道理反而容易被忽略。或者，被認為太簡單，不需要再解釋或者推廣。不值得多說。」

「妳知道有個問題，叫做如何吃掉一頭大象嗎？」

柔伊喝了一口咖啡。「一次吃一點。」

「**這也正是累積財富的辦法。一次存一點。**但是大多數人認為累積財富的辦法是中個樂透之類的。比方說，特別幸運的有個好朋友，因為虛擬電子貨幣給了妳一筆酬金，或者買了一支別人不知道的科技績優股。」

柔伊想起傑弗瑞想要發明下個 Instagram 運用程式的夢想。

「或者說繼承大筆遺產啊、或有架鋼琴打中了有錢的姨媽。」這傢伙記性還真好，柔伊想著，笑了出來。

「或者在自家後院挖到寶藏。妳知道這些的相同點嗎？雖然版本不同，但其實都只是某天我走運了的不同說法。」

「這在電影裡會發生，但是現實中呢？」亨利搖了搖頭，「在中了樂透的背後，有無數個沒中獎的購買者。做著發財夢的人成千上萬，但是那不過是神話。用一個奇蹟來安慰自己，從而不用面對日復一日的尋常日子。」

「沒錯。」柔伊回答：「你讓那些說詞都顯得空洞無力。」

「因為這些話原本就沒有說服力啊！這樣的理財法，有如美國詩人梭羅所言『在死寂的絕望中過活』。」

「但關鍵是，事情是可以改變的。柔伊，妳的命運之船就在此地，就在妳腳下。妳站在船塢上，船兒將出港。妳是船長。」

「問題是妳想要開啟怎樣的行程？妳想去哪裡？」

「來囉！」拜倫的聲音響了起來，他回到桌邊，端著一個大盤子，裡頭有兩塊厚片蛋糕，旁邊還有一杯咖啡，他把咖啡放到柔伊前方。「櫛瓜派。拿鐵是給柔伊的，說不定妳想續一杯。」

亨利看了看在櫃檯前長長的點餐人群，他起了身。

「不好意思。我要過去了。」說完，他就朝櫃檯後方走去。

拜倫從一旁桌子的托盤上又拿來一杯熱飲，也是剛買的。「熱呼呼的義式濃縮咖啡，黑咖啡，為了——」

第 **7** 章

——

打腫臉
充胖子

「拜倫，」一名嬌小優雅的女子走到拜倫旁邊，拍著他的胳膊，「你沒為難人家小妹妹吧？」

「柔伊，」拜倫說，「這是我太太，叫她喬琪雅就好。這位是亨利的朋友，柔伊。」拜倫轉向柔伊，小聲嘀咕，雖然這音量在五張桌子之外都聽得到，「我就是不懂。她總是站在這裡，看著同樣的照片。好像不盯著看，照片就會發生什麼變化似的。」

拜倫的妻子不理他，逕自走去亨利之前坐著的椅子上。「拜倫來就是找人聊天的，」她說，「我來是看畫的。很高興認識妳，柔伊。」她伸手來，優雅地握住了柔伊的手。

柔伊笑著說，「我來又聊天又看畫，還要享用咖啡。」

「是的。」喬琪雅同意。拜倫開始吃櫛瓜派時，她吹著她的濃縮咖啡。「這個海倫娜咖啡，還真不同凡響。」

「如果你們不介意，」柔伊說。「我想請教，你們怎麼認識亨利的？」

累積財富不容易，要花掉卻很容易

「哇，那是個很有意思的故事。」拜倫搶在妻子前頭說。「15年應該有囉？」

「18 年啦！」喬琪雅說。

拜倫聳肩。「對，18 年。還真是有點久了。那時景氣之好，石油產業當紅炸子雞。是我們的黃金時代。我是個得意的生意人。奧克拉荷馬的石油之王。富可敵國。但是其實我就是一個白痴。真正的生意頭腦在這兒，」他歪頭示意喬琪雅的方向。「那時的我太過冥頑不靈，哪裡會知道。」說完，又對著妻子說：「對嗎？」

「不予置評。」喬琪雅說。

「我們德州有一句話，叫做大帽子底下，沒有牛（Big Hat, not Cattle），意思是打腫臉充胖子，」拜倫繼續說道，「都是表面的，沒有實業做支撐。那就是我。我操作太過。」他又朝喬琪雅點點頭，喬琪雅只管喝她的濃縮咖啡。「因為我把她也捆住了，所以，可以說我們操作太過。景氣突然改變了。石油產業不再風光一時，不再遍地黃金。」

他又看了看櫃檯後方忙著準備客人咖啡的亨利。「他對妳說

過，怎樣累積財富吧？」

「一次存一點。」柔伊回答。

喬琪雅說：「事實是，虧損起來，也是同樣的道理。」

「是呀！」拜倫說，回看著柔伊。「人生第一個 100 萬，妳知道的，」他搖頭說，**「累積起來不容易，要花掉卻容易極了。**還沒意識到，早就花光光了。還不弄明白怎麼花的，」他聳著肩膀說，「就已經沒了。

「所以有一天，我穿著高領緊身衫，坐在醫師診所裡，而醫生忙著調整機器，就是聽診器之類的，聽著我的心跳，然後清了清喉嚨說：『拜倫，我要和你說幾句話，你用心聽好啦？』然後，他就說，如果我繼續喝酒、抽菸，一天吃很多肉，過不久就會死。

「我回答他說，『直話直說吧！告訴我，我到底怎麼了？』

「『那我就直說了。拜倫，自己做一個選擇吧！要繼續保有各種惡習，還是要命？』

「於是我就坐在診療室的椅子上，足足看了他 1 分鐘。他忍不住開口問：『怎麼樣？你也開口說說嘛！』

「再給我一點時間，我總得想一想。」

他仰頭大笑，在前面櫃檯的客人回頭看過來，不曉得發生了什麼事。而坐在附近的客人忍不住笑了，卻不往這邊看。柔伊想，他們大概是常客，所以聽過拜倫的故事。

「我也真的做了一番思考，而且是用了幾個月的時間。也不是什麼都不做的坐在那裡想，就是確實把這件事放在心上。大部分時候的想法是，你說什麼？不吃肉？不抽菸？滴酒不沾？別和我說這些了。並不是因為我酗酒而有問題，而是什麼都有問題。超重36公斤，又過度自大。好像在比賽著，看是我的信用先破產，還是婚姻先破產。」

「還有你的心血管。」喬琪雅說。

「對了，忘記說那個了。」

「還有你可能忘了，還有你的心臟繞道手術。」

拜倫呵呵笑著說。「是的，那個也忘了。」

柔伊喜歡看他們兩個鬥嘴，好像一對喜劇演員。這兩位年紀都足以做她的長輩了。上回和父母碰面是什麼時候？

「拜倫因公出差來紐約時，」喬琪雅說，「他心臟病發作。我從土爾沙趕到時，他已經要進手術房了。」

「親愛的，」10 秒鐘沒說話，拜倫已然開始焦慮了。「我正要說到那件事。柔伊，妳想再一杯咖啡嗎？」

「謝謝。不用。」柔伊說。

拜倫朝櫃檯大步走去，柔伊轉身對著喬琪雅。「所以他已經要進行手術了。」她提示喬琪雅講下去。

喬琪雅一下說不出話來。「我們——」柔伊突然發現女人眼睛已經滿是眼淚，「我們差點就要失去他了，他卻頑固得好像一隻烏龜。」喬琪雅笑著，用一小塊餐巾紙拭擦著眼角。「誰的話都不聽，不管是醫師還是老婆說的，連女兒說的都沒用。」喬琪雅長長呼了一口氣，喝了一口特濃咖啡。「但他聽亨利的。」

「聽亨利的？」柔伊想像著奧克拉荷馬的石油大亨和布魯克林區咖啡店早班組長狹路相逢的情景。

「是的。」喬琪雅說，「我們不能回去，也不能在短時間內旅行。即便在拜倫出院後，我們還是只能在此逗留一陣子。就像電影台詞說的『別想試圖離開這裡』。」她啞然失笑，「我們去逛布魯克林區各式的藝術展覽。有一天，來這裡喝咖啡時，被牆上的照片吸引。就是這樣遇見亨利的，他和拜倫一見如故，亨利開始對他說教。」

「如何理財？」

喬琪雅笑著說：「關於怎麼吃，怎麼生活，怎樣活得好。我記得第一回見面時，亨利說過『建立健康的過程和累積財富的過程是一樣的，拜倫』。」

兩個女人異口同聲的說道：「一次存一點。」

喬琪雅臉上的線條變成柔順了，「拜倫還真的聽進去了。」她搖頭，「感謝老天給了我們一個奇蹟。但是，很快的又出現了財務問題。特別是收到醫院帳單後，換我要得心臟病了。」她看著柔伊說：「我好像聽見亨利說『其實妳已經很富有了，只是妳不知道？』」

柔伊點頭，心裡想說，哇，這個女人什麼都知道。

「對我們來說，剛好相反。我們已經破產了，但是我們卻不知道。當然，那時知道了。」

她停了一下，看著柔伊。

「我不知道我們透支的情形有多嚴重。我從來不問錢的事，都是拜倫在管，直到他躺到醫院裡，我才打開了郵件，發現真相。我們身上幾乎沒有餘錢。所有房屋都貸了許多款，信用卡債一大

堆，我們只能支付每月最低應繳金額。」

柔伊心裡抖了一下。每個月付最低應繳金額，不就是柔伊本人處理信用卡的方法嗎？

「我了解問題很嚴重。」喬琪雅繼續說，「我不懂的是，他怎麼走到一步的。有一天亨利解釋給我聽，他說『如果妳欠了 2 萬美元的信用卡債，每月只付最低應繳金額，要多花 18 年才會還完，期間支付的總金額超過 4.6 萬美元。』

「我聽完臉都白了。那比我們欠款的 2 倍還多。」

「喔！」柔伊回答。

「那還只是一張信用卡。」喬琪雅說，「要知道我們財務上的洞有多大，可能要把這個數字放大許多倍，複利的神奇力量。我猜，妳已經聽亨利說過吧？」

柔伊點頭。

「這是一把雙面刃。可以幫妳，也可以毀了妳。**欠債也是利滾利的**，而且一旦開始，就會迅速成長，且一發不可收拾。」喬琪雅搖頭，「我還以為我們過得不錯。結果完全不是。我們把自己的臉打得很腫。」

柔伊突然想起了週一早上看到的那隻廣告。

如果你不知道要去哪裡，只怕到了哪都不會快樂。

🪙 問題並非缺錢，而是缺少溝通與方法

「後來，你們怎麼辦？」

「是這樣的，」喬琪雅說，「亨利幫助我們慢慢走過來。我們先賣掉在土爾沙的一棟商業大樓，兩處度假屋。賣掉之後，扣掉貸款，剛好夠我們在曼哈頓區買一處公寓。我們之後沒有再回奧克拉荷馬，然後再一點點重建生活。」

「拜倫開始戒菸後，我們發現抽菸很花錢。不單是健康問題，還有每個月多出的一項開支。」她笑了，「妳聽過亨利說他的拿鐵因子嗎？」

柔伊點頭，並在腦中劃下一個重點，這個稍後一定要再問一下亨利。因為到現在，她還不知道拿鐵因子的具體意思。

「總之，」喬琪雅繼續說，「拜倫叫它是『香菸因子』。他

有時候也叫它為雪茄因子。」她用手在臉前頭晃了晃，好像要把濃厚的菸味驅走。

「把這些都戒掉之後，不到 1 個月的時間，他好像換了個人似的。那些咳嗽、病痛都不見了。但我們的財務上還有個大洞。」

「我們停用信用卡，花了幾年還清卡債，但我們還是還完了。之後，買了二手車。我老媽常說：『船到橋頭自然直。』關於錢不夠用的問題，她有句箴言：『買二手貨，付現金。』」

她把最後一口濃縮咖啡喝完，並把杯子倒扣在桌上。

「亨利不單拯救了我們的財務危機、拜倫的健康，還有我們的婚姻。因為我們談到錢的事情時，不是爭吵，而是溝通，一起解決問題。」

「金錢曾讓我們的關係有如骨肉分離，現在金錢又把我們黏在一起。」

「對了，妳結婚了嗎？」喬琪雅問，柔伊搖頭，「記住，金錢是導致離婚的第一大元凶，但不是因為金錢本身，也不是因為缺少金錢，**而是因為缺少如何使用金錢的溝通，和處理與錢相關事物的方法。**」

「我永遠都不會忘記，我們有天真正的坐下來，第一次敞開來討論錢的事情，討論我們的生活和未來。討論我們真正需要什麼，如何來達成。那一回，我們都打破了沉默。坐在廚房餐桌旁邊，開誠布公。」

喬琪雅笑了。

「就我所知，我還是世上最富有的人。」

他們沉默了一會兒。

「就是這樣，我們後來常常來亨利這裡。不久之後，亨利就在拜倫工作的能源公司投入了一筆不小的金額，兩個男人就整天討論什麼新技術，什麼新顯學……怎麼了，妳還好吧？」

柔伊聽完，腦中轟的一聲。一筆不小的金額？亨利投資？她的腦子在飛轉。「等下。妳說，之後妳就一直來亨利的咖啡廳？意思是，他是這裡的經理？」

喬琪雅伸出手來，拍了拍柔伊的手。「親愛的小妹妹，亨利是這兒的老闆，這家店是他從無到有建立起來的。」

「喬琪雅，」是拜倫，在她們後方，輕敲著桌面。

「好了，」喬琪雅站起身來說。「我們要去機場和女兒碰面

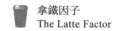
了。下週見，亨利。」他們一邊往門口走，一邊說道：「很高興認識妳，柔伊。」

柔伊看著拿鐵發呆，頭也來不及抬起來。

第 8 章

金錢迷思

搭 L 線去公司時，柔伊的腦袋嗡嗡作響。

她怎麼會覺得亨利是位咖啡師？不是芭芭拉說的？她回想和芭芭拉週一的午餐。不，芭芭拉的原話是：就是妳在咖啡廳遇見的老先生啊！他通常早上會在店裡煮咖啡。這樣而已。是柔伊自己假設亨利是名員工，大概因為看到他時，他總忙著替客人煮咖啡。他看起來確實沒有老闆架子。

芭芭拉一定知道的，對嗎？她怎麼也不告訴她一下。她讓柔伊去找他談談，到底是為了什麼呢？柔伊想一道公司就找老闆問一問。

可是她並沒有。一到 33 樓之後，她卻盡力避著老闆。

這天是週四。從週一和芭芭拉一起用午餐之後，她們就沒有聊天過，這不是偶然的。也不是柔伊想要逃避，但是想到要討論離職，去潔西卡介紹的上城區經紀公司工作，她就覺得很不自在。

柔伊自己也沒有確定，這就是她還不想面對芭芭拉的原因了。一方面，她必須承認，那邊是個不可多得的好機會。她已經厭煩了每天固定的流程，永遠都有做不完的事，看不到頭。甚至在睡夢中，都還會出現工作內容。而助學貸款每個月還也不見變少，有時候，她甚至覺得還變多了。

這叫她想起喬琪雅的話來，複利是一把雙面刃，貸款也是複利的，一旦啟動，增長驚人。

哈，柔伊想到，再來說說複利這件事吧！顯然喬琪雅和拜倫聽了亨利的，至少可說是部分聽從，他們的人生已經大有改觀了。

對這點，柔伊非常感恩。因為亨利真的好有智慧。但是，他的話有些柔伊並不了解，困擾著她。

所以她一邊在腦中構想著，一邊替春季專輯選圖片、修文句。

錢賺多，不一定能解決財務問題

「我們要不要去吃飯啊？」

柔伊轉過椅子，看著芭芭拉。已經過下午 1：00 了嗎？

「謝謝，芭芭拉。我今天不出去吃了。」她抽屜裡還有一根營養棒，今天應該要吃掉。

「妳決定就好。」

柔伊轉回她的辦公桌。一分鐘後，她又回過頭來。芭芭拉依然面對著她，朝她這邊看著。

「所以，妳和亨利談過了？」

柔伊嘆了一口氣。「是的。芭芭拉。妳一開始為什麼不告訴我，他是咖啡廳的老闆？」

「那是他的咖啡廳，」芭芭拉說，「又不是我的。再說，妳也沒問啊！」

「很幽默。」柔伊想了一下，又開口說，「還有，妳為什麼叫我去找他呢？」

芭芭拉聳肩。「正如我說的，他看事情的方式比較不一樣。妳總是說，不夠錢買這個、買那個的，我都聽膩了。」

柔伊笑出來，同時她留意到芭芭拉也快笑了。

「此外，我也沒叫妳去。或許是，鼓勵了一下。」

「鼓勵了好大一下。」柔伊回答。

「好吧，好大一下。」芭芭拉頓了一下，「所以呢？」

「所以什麼？」

「所以這幾天和亨利聊了之後，妳有什麼想法？」

柔伊嘆氣。「我還不知道啊，芭芭拉。」她看了看電腦螢幕，又轉頭過去對著她老闆：「在金錢方面，我比較遲鈍。」

芭芭拉走到辦公室的隔板前方，背靠著隔板，慢慢搖頭。「柔伊啊。」

「什麼？」柔伊放軟了聲音。

「這麼說吧，我給自己一條規矩，那就是不要介入同事的私人生活。但是我告訴妳一句每個女人都該知道的話，好嗎？」

「好的，老大。」柔伊說。

芭芭拉不喜歡被稱為老大，但是現在她不想離題。「我認真的，妳到底要不要聽？」

「我洗耳恭聽。」柔伊說。

芭芭拉走進柔伊的隔間，靠著辦公桌，「我要說的是關於金錢的迷思。這種東西在新聞系不會教，在工商管理學院也不教。」她看了看柔伊的辦公桌，「妳需不需要記下來啊？」

柔伊打開她的筆電，雙手放到打字的位置，看著芭芭拉。「我

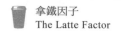

現在要說的是，學校沒有告訴妳的金錢迷思。」

芭芭拉點點頭。「來，第一條是，賺得多，就會變富有。」

柔伊打開了一個新的檔案，用標題字體打出：

迷思一：賺得多，比較富有

「亨利可能說過這一則了，對不對？」芭芭拉說，「賺多賺少，和財務穩定沒有必然關係。」

「許多人都覺得收入是他們的問題所在，其實不是，**支出才是問題**。不要誤會我的意思，正常收入當然好。但是，**希望用多賺來解決財務問題，未必行得通。**」

柔伊打字時，盡量保持面無表情。比方說，不露出愧疚之意。芭芭拉會不會知道她在考慮轉換跑道的事？很有可能。紐約的媒體圈就像一所高中：每個人都有辦法知道其他人的事。

「當妳的收入增加，」芭芭拉繼續說，「原本的財務問題依然存在，收入增加只是把問題放得更大。因為財務問題關鍵在於支出習慣，而收入是不會改變花錢習慣的。因此，財務問題的解決方案是養成新習慣，而不是去賺更多錢。」

🪙 不需要一筆現金，才能理財

「到這裡，妳都沒問題吧？」

「沒問題。」柔伊一邊說，一邊打字。儘管她並不是真的沒問題。當然，這一路下來的思路都很順，但是她的腦袋一時還轉不過來。她的金錢問題，就是她缺錢。為什麼多賺了，不能解決問題？

「家庭的理財不是高收入可以解決的，而是如何聰明花錢，如何投資理財。剛好我們就轉到了第二個迷思，理財的前提是需要大筆現金。『錢滾錢』，這話妳聽過吧？」

柔伊點頭。

「這是一個錯誤的觀念。因此我們稱之為迷思二。」

柔伊按了分頁符號，移到新一頁的開始，打下標題：

迷思二：需要現金，才能錢滾錢

「我想投資，但是沒有錢啊！」妳知道，我聽見多少女人這麼說嗎？」芭芭拉繼續說，「我每次聽了都想尖叫。就好像別人

說『若沒有意外之財，我哪會發財』是一樣的。好像理財是一家
昂貴的俱樂部，需要很大一筆入會費似的。

「這些都是錯誤觀念。**妳不需要一筆現金，才能累積財富。**
亨利有沒有畫一張圖表給妳看？1 天存 5 美元、1 天 10 美元之類
的。」

柔伊點頭。

「他不是畫大餅，那些數字是不會說謊的。複利誠如萬有引
力。那些建立了財務基礎的人，也都是一次存一點，慢慢累積出
來的。而且也沒風險。只是要下一個決斷，面對自己的處境，開
始行動。」

「而且妳得停止告訴自己，『我對金錢很不在行。』因為不
需要數學天才或華爾街奇才才能理財，只要可以誠實面對自己就
好。當然，在當今時代要做到這點不容易。不過，柔伊妳可以。
這就是我喜歡妳的地方，妳是誠實的人。」

柔伊覺得自己臉紅了。她把雙手從鍵盤上移開，「我懂妳說
的，芭芭拉。我不想每天的生活都繞著錢轉。」

「當然不要。」芭芭拉說，「現在是說，讓理財步上軌道，
就不會一直為缺錢煩惱。這件事其他人無法代替妳。」

錢財不會船到橋頭自然直

「這又是一個重點了，柔伊。我們下面的迷思可能是最大的迷思，那就是如果遇到真正的困難，就會出現一個丈夫，或者一位人生導師，或一個英俊瀟灑，帶著寶劍的騎士，而不是妳自己，為自己織一張安全網。其他人會來照顧妳。」

柔伊打字。

迷思三：其他人會來照顧妳

「大多數人也不會直接這麼說，」芭芭拉說，「但是他們的行為和選擇，卻替他們說出來了。『我男朋友、我先生、我老爸、我的財物顧問，會幫忙我理財』或者是『船到橋頭自然直』。我坦白告訴妳，**金錢這種事，是沒有船到橋頭自然直的。**」

柔伊想起喬琪雅所說的「我不知道我們透支的情形有多嚴重」，她也想起了自己媽媽說的話，都是妳老爸在管。

「沒有帶著大袋現金的白馬王子。妳必須做拯救自己的王子，柔伊。」

「當然對男人來說，這點也是一樣。這世上有許多男人也在期待其他人 —— 他們的律師、他們的經紀人、他們的公司、下一任美國總統 —— 來照看他們的財務未來。這樣多省事，問題是指望不了別人。」

「妳的財富就像妳的健康，健康問題不是突然發生的，是要妳在生活中每天不斷去維護的。妳也不可能指望別人來照顧妳的健康，財富也一樣。他們都完全掌握在妳自己手上，任何人無法代勞。」

柔伊打完字，思考了一下。她抬頭看著芭芭拉，「可是，妳剛剛說這是每個女人都應該知道的。」

芭芭拉點頭說：「讓我再告訴妳一些關於我們的事，關於我們女人。」

「在我們這樣開明的年代，女人的收入依然要比男人低20%。公司裁員時，女性員工更易遭資遣，每個女人平均要花10年照顧家裡的小孩和老人，因此退休金帳戶累積結果要比男人低34%，因此她們也享受較低的社會保險福利。

還有一點：因為女人的平均壽命要比男人長7年，而婚姻有一半是以離婚收場，因此有很大比例的女人晚年是自己度過的。

有 80％的已婚男子死亡時，尚有婚姻；而有 80％已婚女性死亡時已是寡居；80％寡居的女人是在丈夫過世後生活在貧困中。」

芭芭拉停頓了一下，好讓柔伊跟上她。

柔伊不知道為什麼芭芭拉要說這些，這些真叫人傷感。因為讓她想起了老媽，她最近看起來好疲倦，反覆發作的背痛，雖然她沒說，但是有回老爸在電話裡說起了，然後又染上了感冒。如果有一天老爸真的走了，老媽要怎麼辦？

「妳跟得上我說的嗎？」芭芭拉問。

柔伊抬起頭。「跟上了。可這並不是妳說的一個小問題。」

「不是。」芭芭拉說，「而且也不是什麼愉快的問題。雖然非常重要。我知道，以妳現在二十幾歲的年紀，頗難領會其重要性。退休看起來是很老以後的事情。我懂，看起來這些都太遠了，但其實人生真的也就是眨眼的功夫。有無數女人經歷過有一天突然醒悟過來，發現自己單身一人，一無所有，過去可以有的選擇，現在都不存在了，這時她們就會自問：『怎麼回事？我怎麼走到今天這一步？』」

柔伊的思緒飛到了週一早上，看到電子螢幕上擱淺的船，她可以想見如果這艘船有個船長，他一定也會問自己同樣的問題：

「出了什麼事，我怎麼跑到這裡來？」

芭芭拉回去位置後，柔伊低頭工作了大約 1 個小時，突然意識到，她還有一個問題想問亨利，一個如此明顯的問題竟然沒問，她恨不得戳一戳自己的額頭。

今天早上，她問了亨利許多問題，什麼 10% 可不可能啊，關於繳稅啊，但那些都是傑弗瑞的問題，不是她的。傑弗瑞的所有疑問中，最大的就是一位 70 歲的咖啡師，如何知道理財的奧祕？這點，喬琪雅已經說明白了。這位老先生不是咖啡師，而是老闆。而他「財務自動化」的討論，似乎也解答了柔伊關於「如何先付錢給自己」的問題。

但這些都不是現在懸在她腦中的問題。

她需要再找亨利談一談。

那天她要回來上班時，咖啡廳的年輕店員工怎麼說的？「他想哪時候走就哪時候走。」「通常是 3：00，但是也可能更晚一點，也可能更早一點。」

柔伊看了一眼筆電上的時間，下午 2：15。如果立即趕過去，

說不定還可以堵到他？

　　柔伊不解自己為什麼這麼急著見到亨利。早一點晚一點真的
很重要嗎？反正，她就是必須去問他，好知道答案。她得馬上不
去找他。

　　柔伊把筆電收到背包裡，衝去找芭芭拉讓老闆知道她要提早
離開。「有點事情。」她一邊說著，一邊就往電梯衝過去。

第 9 章

拿鐵因子

快到海倫娜咖啡廳時，亨利正步出大門。

「喔，」他說，「很高興不期而遇。」

「我有個問題想請教，」柔伊說話時，依然喘著氣。

「請說。」亨利回答。他回頭看了看自己身後，又看了看柔伊身後，對她說：「一起去咖啡廳坐一坐？」

柔伊想說好，跟他回海倫娜。不想，他邁著輕快的步子，穿過了街道。她跟上去。到街角之後，他停住了，打開了第一家店的門。

是一家星巴克。

柔伊猶豫了一下，看著他，好像在說：你是認真得嗎？

「請進。」亨利笑著說。

他們走了進去，來到點餐櫃檯前。

你在幫誰累積財富？自己還是別人？

「特濃拿鐵，謝謝。」柔伊說。然後，又加了一句：「可以

做低咖啡因的嗎？一半咖啡因？」

「一杯熱茶，」亨利說。「英式早餐那種。」

說完，亨利付了兩杯飲料的錢。儘管柔伊要自己付錢，但是亨利很堅持，他就是一位老派紳士。柔伊笑著接受了。他們走去咖啡廳後方的小桌子。

「我也說不上來，」柔伊說，「和你坐在星巴克，感覺非常奇怪。好像背叛你家咖啡廳的感覺。」

亨利笑著說：「有嗎？」

「有啊！」柔伊啜了一口拿鐵，「我猜，你是來了解敵情的吧！」她用裝咖啡的紙杯碰了一下亨利裝著熱茶的紙杯，「耶！我們現在成功臥底了。」

亨利臉上的笑顏為神祕。他拉著茶包，往熱水裡浸了兩、三回。

「我得坦白一下。」柔伊開口說，「在昨天，知道你就是咖啡廳老闆之前，我一直想問你『一位咖啡師，如何知道累積財富的祕密？』」

亨利把茶包裡擠乾放到一旁，正色看著柔伊：「妳的意思是，

如果『先付錢給自己』一招有效，怎麼會有個像我這樣 70 歲的老人，還在打工維生？」

柔伊的臉漲紅了，低著頭說：「我，也不是那個意思……」她又看了看亨利，帶著歉意的笑著：「好吧，多少也有點那個意思。」

亨利露齒而笑，然後吹著氣，讓熱茶冷一點。「我可以說一下我的背景，沒問題的。我草創海倫娜咖啡廳是在三十多年前了，附近同行朋友很多。後來，現在他們都走了……」

「喔，對不起。」柔伊說，但是亨利卻也只是笑一笑。

「不是，妳誤會了，他們不是掛了。他們只是離開了，或者轉做其他行業。妳知道我為什麼還能留在這裡嗎？為什麼我的咖啡廳還能繼續營業嗎？」

「因為咖啡味道好？」柔伊說，「當然，不只如此。還有氣氛好。」亨利繼續不置可否的笑著。「還有一群你的死忠粉絲？」

亨利大笑起來：「謝謝妳這麼說，但其實還有其他。我能繼續待在這裡，是因為我買下了這棟大樓。」

「你買下了這棟大樓？」柔伊重複說。

「以及隔壁一棟。」亨利說，「還有同一條街上另外幾處房子。」

這下，柔伊驚訝得說不出話來。她以為的「古怪咖啡師」就有這等來頭，她得把原本的想像圖象好好編輯一下。

「基本來說，人可以分成兩種。每個人每天都花錢，花錢也是累積財富。每個人都在累積財富。**差別在於，為誰累積？**」

「妳提到了在外頭租屋。租屋時，妳就把生活的主動權交了出去。如果擁有住屋，那就擁有了部分的生活自主權。拿我的例子來說，做事業的自主權是握在自己手上。

「再拿星巴克來說。他們剛開始的時候，每個人都認為開什麼玩笑，賣昂貴咖啡也能成為一門生意？就算可以，也不可能長久。但現在他們長久了，而且還賣到全世界去。所以，其他咖啡店倒啦！我的同行們開始不安焦慮，他們想要與星巴克對抗。他們去遊說政客，想要聯手反抗。」

亨利說完，停頓了一下。柔伊知道重點要來了。「你呢？」她催促。

亨利笑著說：「我買了他們的股票。」

柔伊放下咖啡，瞪著亨利：「等一下，你買了星巴克的股票？」

「是的，我買了他們的股票。就在別人，要不然買他們的咖啡，要不然抵制他們的咖啡時，我買了他們的股票。妳也可以說，這是化敵為友。」

「星巴克的咖啡。」柔伊重複著。亨利身體前趨，用食指點著桌面，加強重點了說道：「如果 1992 年星巴克股票上市的時候，買下 1,000 美元的股票，妳知道現在市值多少嗎？」

「完全沒概念。」柔伊說。

「將近 25 萬。」

「哇，」柔伊說。「看來你的敵人還為你賺了不少。」

亨利笑了起來。「妳可以這麼看，我也可以從另外的角度來看。每一個進來星巴克的人，點了一杯咖啡之後，兩件事就發生了：他們對這個事業投入很少的金額。一杯咖啡的錢。而因為我買了股票，也就是小股東，因此也就小賺了一點點。」

柔伊想到了亨利剛剛說的「兩種人」。

亨利點頭說：「沒錯。事業的投入者和事業的擁有者。最棒

的一點是，妳可以在任何時間點，選擇妳要做哪種人。

「當妳決定先付錢給自己時，不管是 10 美元，或是 25 美元，不管是買一個自住宅，或是商業用宅，或者投資某家公司的股票，或者以某種方式投資於自己的未來，妳就成為自己生活的主人。」

「許多人把自己的人生出讓給別人。先付錢給自己，並養成習慣，持之以恆，積年累月之後，妳就會擁有自己的人生。」

「拿你的例子來說，就是擁有了自己的事業。」柔伊說。

亨利點頭。「我買下那棟房子時，我不單投資了自己，更投資了鄰里。這些年下來，價值漲至 100 萬美元了。現在重點來了，我怎麼有資金買下商業大樓？我可以向妳保證，我沒中樂透，也沒寫出一首暢銷歌，或者在自家後院挖到財寶。」

「也沒有謀殺你有錢的姨媽？」

亨利笑著說：「沒有富裕的親戚可以攀附。真的，柔伊，是我白手建立起來的，就是先付錢給自己。」

柔伊露出在思考的樣子，亨利知道她腦中依然有疑問。

「把妳的問題說出來，我們來討論一下吧！」他說。

「好的。」柔伊猶豫了一下說。「我重新看了表格。那個每

天存 25 美元的，我猜想應該是存到銀行的，40 年後，就有 300 萬了？可是這 25 美元是從哪裡來的？」

「喔！這個問題。」亨利又朝茶杯上吹了吹。

「你又說，收入高不是解決之道。」柔伊接著說，「接著你又說，該把收入的 10％存起來。或者準確來說，是 1 個小時的收入，其實若以 8 小時來算，就是 12％的了。這些理論上都對。問題是，我就已經入不敷出了。」

亨利點頭。「妳的疑問沒錯，那就是為什麼要說拿鐵因子。」

🪙 拿鐵因子，是那些非必要的消費習慣

亨利伸手到口袋裡，掏出一張 5 美元的紙鈔，放在兩人中間的桌面上。「記得這個吧？」

「1 天 5 美元。」她說。「複利的魔力。」

「非常正確。」亨利說。「現在我們來說一說妳喝的咖啡。」

柔伊看著她咖啡因減半的特濃拿鐵，然後又看著亨利：「好的，來說說我的咖啡吧！」

「那杯拿鐵，多少錢？4 美元？」亨利問。

「4.5 美元。」柔伊說。

「好，現在我們就來看看這個無足輕重的小錢。讓我們看看加入複利這個因素後，會發生什麼事。我們先把『無足輕重』的 4.5 美元加到妳的照片帳戶裡。1 週 5 天，我們用 1 年來看。先不考慮利息，我們來看一看，」他低頭計算著。「哇，就有 1,200 美元了。」他看著柔伊，「妳還記得那張照片的標價嗎？」

柔伊記得，剛好就是 1,200 元。

柔伊看了看拿鐵，又看了看亨利。再開口說話時，語帶激動。「你是說我 1 年喝咖啡的錢夠買那張照片？」

亨利喝了一口茶。不說話。

「哇，這杯拿鐵好強大啊！」

亨利笑了起來。「柔伊啊，那就是拿鐵因子。」

「神奇的複利咖啡。」柔伊嘟囔著。

亨利再次舉杯，和柔伊的拿鐵碰了一下。「敬你的米克諾斯島，能讓妳的起居室熠熠生輝的漂亮照片。」

柔伊靜靜坐著，想了一會兒。然後開口說：「所以，要對早上的咖啡說拜拜了嗎？」

亨利收斂了笑容，放下熱茶，看著柔伊說：「請不要誤會了我說的話，我不是讓妳不要再喝咖啡了，這與妳手上的咖啡無關。拿鐵因子只是一個比喻**是指那些可花可不花的支出**。比方說，香菸、糖果、雞尾酒等。

「**拿鐵因子不是要妳做一個吝嗇的人，錙銖必較，不享受生活**。而是知道哪些該用，哪些不該用。每天多支出的 5 美元、10 美元或 20 美元，該不該留給自己的未來。從先花再說，到先留給自己。也就是一個小犧牲換取大收穫的意思。

「重點不是妳不能花錢。妳當然可以花錢，而且理當花錢，因為人生就是要用來享受美好事物。真正喜歡的東西，一件漂亮的衣服、一頓好餐點、一場精湛的演出，不要吝嗇。但是要先留下給自己的。」

柔伊緩緩搖頭。她依然注視著手中的咖啡，想像著咖啡廳的巨幅照片，並盡量在腦中把它們連接起來。

亨利說：「妳願意幫我一個忙嗎？告訴我妳一天的行程。就是平常的一天。比方今天妳做了哪些事，從離開家開始……」

「去海倫娜點了濃縮咖啡，」柔伊溫和的說，「我 1,200 元的拿鐵。」

「之後？」亨利拿出了素描筆，在餐巾紙上寫了簡短的註記。「就拿鐵嗎？還點了什麼？」

柔伊揚了揚眉。「不。不只拿鐵，我還點了馬芬。通常是點胡蘿蔔葡萄乾蛋糕，有時是燕麥蘋果口味。就是那些看起來很營養，通常也很好吃的東西。」

「我記得，是 2.75 美元。」他在餐巾紙上寫下了這個數字。「感謝妳的消費。之後呢？」

「我之後把錢花在哪裡嗎？」

「是的。」他說。

「車資。也就幾美元，剛好是 2.75。」

亨利揮了揮手。「交通費。這是不可省的。之後？」

柔伊回想一早的行程。「有時候，10 點，我會休息一下。到樓下買杯現榨果汁。」

「多少錢？」

「7 美元。」

「7 美元。」亨利重複道，寫了下來。「之後？」

「之後，就是午餐啦！我老闆從家裡帶午餐來，我在公司的
自助餐廳買。那就是……」她皺著臉，盡力想著，通常午餐是多
少錢。「另外再加 14 美元。」

亨利從餐巾紙上抬起頭。

「午餐之後？還有什麼嗎？」

「沒有了。之後就沒有了。」柔伊想了一下。「喔，等一下。
還有一罐瓶裝水，1.5 美元。」

亨利揚了揚眉毛。「哇，好高貴的水。」又繼續低頭寫上，
之後，把餐巾紙遞給柔伊。「讓我們看看現在已經支出多少了。」

早安拿鐵	$ 4.50
馬芬	$ 2.75
果汁	$ 7.00
午餐	$ 14.00
瓶裝水	$ 1.50
加總	$ 29.75

「還記得我們說的第一條嗎,就是第一個小時的薪水先付給自己。」亨利說。「那個退休之後可以變成 300 萬的養老金,每天該存多少啊?」

「25 美元。」柔伊嘀咕一聲。

亨利點頭。「哇,妳已經超過了喔!我們還沒加上妳下午的低咖啡因拿鐵。」亨利朝柔伊面前的咖啡點頭。「妳知道嗎,那是可以買下米克諾斯島泊船照片的。」

她瞪著餐巾紙。

亨利拿起紙巾,遞到柔伊面前。

「妳的拿鐵因子。」他說,「有些也是應該要花的錢。因為,妳總要先吃飽。不過,就算午餐必須買,但是不是可以在家煮咖啡,帶一盒水果出門?妳自己安排一下,每天可以有一半的開支進入退休帳戶,這個簡單的習慣能給妳日後的財務帶來大改變。」

她的這番話讓柔伊想起剛剛芭芭拉的一番話。

**財務問題的方案是養成新習慣,
而不是去賺更多錢。**

　　柔伊接過了這張紙巾，放入口袋。「所以，我應該做的是記錄每一筆小開支，晚上仔細檢查，看看有沒有可能省下來？」對柔伊來說，這真是最痛苦的折磨。

　　「不、不、不。」亨利說，「完全不是這個意思。剛好相反，就是不要去記得每一塊錢用在哪裡。記得我們剛剛說的嗎？預算是沒用的。我們這樣練習只是讓妳明白，妳賺的已經夠累積一筆財富了。」

　　柔伊看著亨利。

　　「你的意思是說，我比想像的有錢。」柔伊說。

　　「是的。妳比想像的有錢。」亨利重複說。「也就是說，妳賺得夠多了，足夠在財務自由了。就像許多人一樣，妳的問題在於賺了錢很快就花光。就在放熱水洗澡時，同時把排水管打開，卻抱怨怎麼無法把熱水存起來。**我們把未來的財富都花在一些無關重要的小東西上，甚至在花錢時想都不想。**完全可以在家煮咖啡，卻要去咖啡廳買；每天午餐都外食、買瓶裝水；訂閱付費電視節目，卻沒空看；新衣服掛滿衣櫃，許多甚至沒穿過。這些都是可以省下的錢。」

　　「這不是要妳別對自己好。而是要改變一點點生活小習慣，

改變一點就好。」

「而這一點改變卻會改變妳的命運。」

當天晚上，柔伊吃了路易吉家的外送披薩和希臘沙拉後，站在廚房看著咖啡機，那還是她去年的生日禮物，從來還沒用過。是不是該來用一用？對不對？

或許可以在上班時喝咖啡？公司的咖啡機可以提供許多不同口味。沒理由不這麼做啊！

然後，是午餐？柔伊想起了芭芭拉的餐盒，不由得嘆氣。帶個午餐去工作，似乎也沒那麼恐怖。她至少可以做花生醬或果醬三明治。

「哇！哈！」柔伊在小公寓裡感慨著。

她環視小公寓，她和室友花了多少錢訂閱這些根本沒空看的節目？衣櫥裡有多少她很少穿的新衣服？還有許多其他沒有用到的零碎小物？這些東西都顯示在她的信用卡帳單上，都顯示在循環利息上。如果少了這些，她可以按期繳交信用卡費，那該是怎樣的生活？

　　柔伊嘆氣。她簡直不知道該如何計算每樣的花費。她仰頭，對著天花板大聲說：「有沒有人可以幫幫我？」說完，她忍不住笑了，這不就是第三個金錢迷思嗎？

　　柔伊從口袋裡掏出那張餐巾紙，在一個桌角攤平看著下方的總和數字：

　　$ 29.75

　　……她忍不住好奇，這不到 30 美元到底能做點什麼？

　　柔伊從包裡拿出筆電，放到流理台上打開。她在線上找到一個計算複利的網站，將流每日花費四捨五入，以 30 美元計算，1 週 5 天乘以 1 年 52 週，加到稅前帳戶裡，以 10％年利率乘以 40 年 ，最後按下計算鍵。

　　她身體往椅背上靠，愣在那裡。

　　她反覆輸入了 3 次，得到了下面的數字：

　　4,110,652

超過 400 萬美元。

「不可能的。」她嘀咕著。怎麼可能呢！

她腦中響起了傑弗瑞的聲音：去哪裡賺 10％利息？這點亨利已經解釋過了。但是，但是，假如傑弗瑞是對的呢？

她重新輸入了數字。這回把利息降到了 7％。

1,706,129

如果這樣也太樂觀了，她這回輸入的利息是 5％。

991, 913

柔伊瞪著螢幕，簡直不敢相信自己的眼睛。即便是以 5％計算，也會有近百萬的收穫。

她關上電腦，想像著自己每天一早處理食材帶便當的情景，和在 33 樓煮咖啡的情景。她真的可以把省下來的拿鐵錢和午餐錢放到退休帳戶，為她的老年提供優渥的資金嗎？

柔伊搖了搖頭，好像要把不真實的想法，搖出腦外。

她想起了老媽的笑聲，以及老媽說的話：我甚至不會做糖霜。她在電話那頭說：柔伊，要為擁有的而開心。

柔伊把筆電放到置於地板的背包裡。

她忍不住把和亨利的對話當作一則雜誌專文來重新思考。想著這個對話的圖片呈現和敘事曲線。她嘆氣，這不就像是另一篇她要經手的文章嗎？別人的想法，別人的冒險旅程，以及別人的成長歷程。

這是別人的人生，不是她的。

她手機有簡訊進來的聲音，是潔西卡。

我們明天下午 4：00 見？

明天就是週五了，是回覆新工作的最後期限。和潔西卡喝一杯，為新工作乾杯。

她還沒回信，第二封簡訊又進來了。

對了，妳和經紀公司談過了嗎？告訴我，妳已經搞定了新工作。:-) :-)

柔伊看著手機螢幕好長時間，才拿起來回覆：

明天下午 4：00 見。:-)

柔伊放下手機，起身去刷牙，準備就寢。她躺在床上，瞪著天花板。

她沒有心情愉悅到臉上真的綻放笑容。

真的沒有，她一點都沒有開心的感覺。她也不知道為什麼，但此時此刻，她很顯然覺得不開心。

第 **10** 章

——

現在就過
富足的生活

週五早上並不順遂。因為打定主意要帶午餐，柔伊洗手下廚，她從自己編輯的雜誌中選了一款簡單的地中海料理食譜。結果她沒有成功，反而煮出一堆難以下嚥的燒焦青菜，讓她的心情更糟糕。

前一晚她還做了一個惡夢，夢中恐怖的跑步機又出現了，這回跑步機懸在一個滾燙的岩漿上方。她必須加快腳步，不然就會掉下去，把自己烤焦。她可以感受到下發出吱吱聲響，不停冒出來的熱氣。熱灰落在她的頭髮上、臉上。最後，終於在自己的尖叫聲中驚醒了。

躺在凌晨 3：00 的黑暗中，她做了一個決定。

如果等一下，潔西卡介紹的經紀公司打電話來，她就說好。

處理好春季特刊內容後，她會邀芭芭拉共進午餐，不是在公司的餐廳，而是去外頭某家餐廳。

她也不期待這樣的餐敘，只是這是必須做的事。芭芭拉可能會說，她想要的高薪不是財務問題唯一且萬能的答案。但是，拜託現實一點，收入大幅提升也沒什麼不好。

柔伊收拾好包包，走出客廳，發現外頭在下大雨，又折回來取了雨傘，才往 L 地鐵路走去，一路上小心避開地上的積水。這

樣出門時間就比平常晚了一點，她想今天就不要去咖啡廳了，那些百萬退休金的神奇事她也聽得夠多了。她應該沒空去享用拿鐵和馬芬了，直接轉車去公司。

可是在走在街上時，她的編輯小腦袋卻又忍不住開始回想亨利說過的話。

在做雜誌時，她也常常遇到同樣的情形，許多好點子擠在一起，令人眼花撩亂，無法找到重點。有時作者在一篇文章中，有太多好點子；有時他們寫著寫著，偏離了原本的重點；有時候，一個很好的想法，卻沒有發展完整，無法得出一個關鍵結論。

亨利所說的話，關鍵的結論是什麼呢？

快到地鐵站口時，柔伊突然停住了腳步。她對自己突如其來停住，因而擋到其他乘客行徑連聲道歉。

亨利怎麼說的？要富有，要能財務自由，其實很簡單，只要做到三步驟。我稱之為財富自由的三個祕密步驟。

先付錢給自己、養成習慣……那才兩個啊！

第三個祕密，是什麼？

柔伊直接掉頭，往海倫娜咖啡廳走過去。

◎ 馬上為自己建立夢想帳戶

10 分鐘後，柔伊的雨傘就捲好放在咖啡廳門口的雨傘架子裡，而她自己則坐在亨利對面的椅子上。

「喔，」亨利說。「妳要問第三個祕密啊，沒問題。」他往後靠了靠，手放在膝蓋上。「讓我們先來聊一聊，什麼才是最重要的。」

「好的。」柔伊說。「來聊吧！快點告訴我，什麼才是最重要的。」

「不，」亨利笑著搖頭。「不是這樣的，是妳告訴我。」

「我不太清楚你的意思。」

「我們之前談過的退休帳戶，好像那是一件很重要的事……但是究竟有多重要？我的意思是，對妳來說，退休金到底有多重要。是的，妳知道這筆錢拿到是約半世紀之後了。不像於我，一個七十多歲的老人，我正靠這個過生活呢！而對妳這樣的年輕人來說，這是不是太不真實？我說得對嗎？」

這點他其實說得沒錯。就像芭芭拉提過的，那些在老年過得貧乏的女人，光是想像就讓柔伊嚇壞了。40 年後簡直好像要等上

一輩子才會到似的。

「好吧。那我們現在先不管退休之後。我們先說說妳現在的生活，從今開始的四、五十年生活。妳都做些什麼夢呢？」

「我的夢？」柔伊聳了聳肩膀，並心想：喔，我想你不會想知道的。

「不是說妳做的惡夢。」亨利溫和的說，好像他讀懂了她的念頭一樣，「我是說妳的夢想。說說妳真正想做的事。」

「我想學攝影，拍出精采的照片。」柔伊想都沒想，便脫口而出。

「攝影課程。」亨利點頭，「不錯。」

「也不是什麼拯救世界的大抱負。」柔伊說。

亨利若有所思的抬起頭來說：「不用覺得不好意思。」他說，「大的夢想未必好。夢想就是想做的事。有時候，最簡單的反而最強大，也更容易實現。比方說，上攝影課。妳想上攝影課，那為什麼不直接去上？」

柔伊才要開口說話，亨利豎起食指說：「等一下，有個條件，那就是不可以說『我付不起學費』。」

「好的。」柔伊說。她想了一下後說：「因為學費太貴。」

亨利忍不住笑了。

事實上，她已經想去上這個當地的課程好幾年了。也不是很貴，不超過 600 美元。可是她竟然湊不出 600 元現金。

「好吧。」亨利說：「我們來看看這點。妳的薪水有沒有自動轉到 401 帳戶的設定？」看到柔伊猶豫的表情，亨利說，「那就是沒有了。」

「是的，我沒有設定。」柔伊承認，「但是我正在考慮。」

亨利低下頭，並對柔伊露出很嚴肅的表情：「好，我不會評論這件事。」

柔伊臉上的笑容很無辜。

「我們先把退休帳戶放在一邊，**我覺得妳需要一個夢想帳戶**。和退休帳戶完全分開，夢想帳戶就是上學基金，去學想學的東西。那麼，我們且稱之為柔伊的攝影課帳戶吧，有錢轉帳進去，比方說，1 個月轉個 100 美元，1 天只要 3.5 美元。」（也就是再一杯拿鐵的錢，柔伊想。）「妳剛剛說學費是多少？」

「600 美元上下。」柔伊說。

「那好。就1個月100美元，6個月後去上攝影課，夢想達成。再來，妳還想做什麼？」

柔伊皺眉。她也不知道為什麼，有時候她的腦袋就是打了結。「我……」她看著亨利說，「就是腦中一片空白。」

「試試這一招。」他說，「閉上眼睛，深呼吸，吸氣、吐氣。」

柔伊深吸了一口氣，再吐出來。

「很好喔，」亨利說，「現在再想一想，生活中有什麼妳最想做的。」

柔伊再次深吸一口氣，緩緩吐出來。

她腦中浮現出7歲的某一天，她坐在車子後座，父母在前座。他們一路往北，要去緬因州的海岸。

他們到達之後，在海邊散步。低矮的灌木，飛翔的海鷗，海岸巨大的岩石和冰冷的海水。他們從海邊回到旅館用餐，好美味的藍莓。還有派，當然也是藍莓口味的，那是她一生中吃過的最好的藍莓派。

「哇，」她感嘆著，閉上眼睛。有好些年，她都沒有想起這趟旅程。她喃喃對亨利說起了兒時的回憶。

她記得他們三個搭捕蝦船出海。在墨綠色的水波上前行。船長讓她掌舵時，木質舵柄的握感。她一五一十都對亨利說了。

👁 人生最重要的事：實現夢想

「後來，我再沒有搭過船。」柔伊說。

「那麼告訴我，柔伊，」她聽見亨利溫和的說。「妳當時在緬因州海面的小船上，是什麼感覺？這趟旅程中哪些部分是妳喜歡的？」

柔伊睜開眼睛，碰上了亨利的眼神，他的眼中充滿期待。

「感覺好像在冒險。」她說。「去哪裡都好。好像在天空飛翔一樣，非常自由。」她停頓了一下，又重複說：「非常自由。」

她閉上眼睛，回想著這句話。

自由塔＊。

＊ The Freedom Tower：世界貿易中心一號大樓，位於美國紐約曼哈頓下城的摩天大樓，為世界貿易中心在 911 事件遭損毀後重建的建築之一。原稱自由塔，於 2009 年更名，但仍有許多紐約人稱呼其舊名。

她每天從辦公室的小餐廳往外看，看到的景象是自由女神。

「我想，可能那就是我想要的。」她小聲嘀咕，「不單是攝影課，還有自由的感覺。我只是想知道，**我可以做我想做的事，去我想去的地方，而且是在我想去的時候，說走就走。**」柔伊睜開眼睛，臉漲紅了，「我知道這聽起來很自我，很不現實。」

亨利眼睛都沒眨一下，說：「我不同意妳這麼說。對我來說，這很合理。我們每個人來地球上，都有一個特別的使命。妳想擁有實現自己使命的自由，對我來說，很正常的。」

柔伊微微點頭。「也對。我明白你說的。」

「現在告訴我，」亨利說，「當妳搭著小船在緬因州海面，感受到自由的時候，帶給妳什麼感受？」

柔伊再次閉上了眼睛，回憶再次來到船上，一個詞從她口中跳出來：「冒險旅程。」她睜開眼，看著亨利。「我過去從來沒想到，但這就是我想要的。冒險的自由。去看過沒看過的景緻，去沒去過的地方。」

亨利點頭後說：「妳在一個什麼樣的地方工作？」

柔伊疑惑的看了亨利一眼，就笑了起來。「這個問題問得

好。」身為旅遊雜誌的編輯，她的工作就是修潤別人出遊的文字。

別人的冒險。

「我可以再問得詳細一點嗎？」亨利說，「是哪一類的冒險？可以帶給妳什麼感受的冒險？」

柔伊再次閉上眼睛。如果她可以去任何想去的地方，做任何想做的事，那該是哪裡？「不是跳傘，也不是摩托車越野，」她說，「也不是爬山。就是想去一個地方，看世上最漂亮的風景。」

她停頓了一下，繼續說：「用想的就很激動，對不對？想到即將看到的美景。」

說完，她睜開了眼睛。

亨利拿出筆，翻開筆記本新的一頁。寫下三個字：

自由、冒險、美景

「柔伊，妳知道，為什麼許多人沒辦法存到錢嗎？或者，他們即便存了，也存了很少，派不上大用處？就是因為他們沒有看到這一點。」

「這些，」亨利點頭示意寫在紙上的字，「這就是關鍵。人們常常說，更大的房子、度假小屋，或者高薪。但這些其實並不重要，這幾點才是最重要的。

「**因為這是妳的夢想**。不管是短期的，比方一堂攝影課，還是長期的，如環遊世界，**這些需要去實現的夢想，才是人生中最重要的事**。他們比生命更重要，就像是氧氣，缺少了夢想，人生就會窒息。」

「這個清單或許還不完整。毫無疑問，妳會再做編輯、修改和增補。或許妳可以說，這就是妳人生的價值。對妳來說，這是最最重要的。」

亨利朝著餐巾紙點點頭，「現在的問題是，妳每天做的事情和選擇，讓妳離夢想更近了嗎？在花錢時，也是把夢想放在第一位了嗎？」

柔伊想了想，說道：「你想說的是，讓我自己做了最想做的事嗎？」

亨利說：「沒錯，那正是我想說的。」

柔伊看著紙上的幾個大字，她不曉得為什麼又想起了老媽說的話：要為已經擁有的而開心。她有做到嗎？

她看了看亨利。「你介意我請教一個問題？」

亨利笑著說：「請問。」

「什麼事情能帶給你最單純、最雀躍的喜悅感？」

亨利往後靠了靠，凝視柔伊好一段時間，然後微微點頭。

「這是個好問題。」他站起身來說，「我們邊走邊聊？」他們緩慢起身，亨利同時開始侃侃而談。

🪙 真正的富足，不在金錢，而在生命

「36 年前，有位好友問過我同樣的問題。我當時很驚訝，因為我從來沒有問過自己這個問題，所以一時竟然答不出來。

「我當時並不快樂。我很年輕，在一家知名的設計公司上班，有錢途也有前途。我喜歡我的工作，也喜歡一起工作的人。但這就是我真正想要的嗎？」他緩緩搖頭，「我必須承認，這些都不是。**我每天花許多時間在工作上，但是卻沒有讓我離想要的生活更近。**

「於是我找老闆談了談，請了一個長假。打包了行李，訂了

機票，就去了歐洲。一開始，我對老闆請的長假是幾週的時間。我也稱之為『高調的休假研習』。」他呵呵笑了，「可是後來的結果是，我再也沒有回去。

「我朋友都說我瘋了，好好一份工作，被我搞丟了。我也知道，他們說得沒錯。有好幾年的時間，我都不停地告訴自己說，『有一天，亨利，你會環遊世界，看到這個星球上最漂亮最迷人的所在，親眼看到他們。』

「所以，我就去做了。那種工作到退休然後再去環遊世界的模式，對我來說，突然失去了意義。我回到家之後，就去申請了小額貸款，在喜歡的社區租了一處小地方。」

「開始賣咖啡。」柔伊說。

亨利點頭，「於是開始了先付錢給自己的人生，擁有了屬於自己的人生。也沒過幾年，我就買下了這棟大樓。從第一趟歐洲旅行之後，每年我都用 6 週的時間去看世界。過去的 36 年裡，我去過了一百多個國家。」

柔伊突然恍然大悟，她心底一顫。

她低聲說：「那些照片，都是你的傑作。」

亨利看著柔伊，笑道：「就像我對妳說過的，妳喜歡的那張也是我自己最喜歡的。」

他們在黎明的米克諾斯島照片前方停下了腳步，兩個人一起看著畫面。

「拍下這張照片時的感受，直到今天仍歷歷在目。」亨利的聲音變得很遙遠，且很不平靜。

「按下快門後，我就轉身放下相機。然後單膝跪下求婚。」

「她說了『我願意』。」柔伊低聲問。

「是的，她說了『我願意』。」亨利說。

「是海倫娜嗎？」

亨利笑了：「海倫娜。就像特洛伊的海倫一樣，全希臘最美麗的女人。拍照地點也是我們初識的地方，我們相遇在幾週之前。這就是我的第一次旅行，我高調的學術休假。她和我一起回到了美國……」他停頓下來，朝著照片牆伸展開手臂，好像在說：她現在就在這裡。

在海倫娜咖啡廳裡。

「我生命的摯愛。」他說,「此後,對她,我也只說,是的,好的,我願意。」

柔伊終於明白為什麼特別受到這張照片的吸引了。不單單因為景美,更有濃濃的人情,愛和無盡的可能,在瞬間爆發出來,如畫面上的金色光芒。

不單這一張照片,掛在牆壁上的所有照片,都是亨利生命中的重要時刻,永恆被留存的時刻。

柔伊隨後又領悟出,她一直覺得亨利身上有種特質吸引著她,這種特質也吸引著拜倫、喬琪亞還有芭芭拉,好像磁力一般,或許就是所謂的魅力吧,但又不止於此。那是一種平靜的滿足。現在他生命的重要瞬間都展現在她的眼前,栩栩如生。

不是他老派的紳士風度,不是他帶著異國情調,甚至也不是他的智慧。

而是他的富足。

不是金錢上的富有,而是生命的富足。

「所以,這就是第三個祕密嗎?」她問。

亨利笑著。「是的。沒有第三個祕密,前兩個就沒有實現的

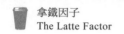
動力了，因為妳會不想照著做。」

　　他把筆記本往前翻，翻到寫著兩個祕密的那一頁，加上了第三個：

　　3. 現在就過富足的生活

　　「如果說前兩個祕密「先付錢給自己」和「養成習慣」是具體作為，那麼第三個就是動機。想一想，什麼對妳來說最重要，然後甘心為此調整自己的生活。

　　「現在就過富足生活。而不是等到遙遠的未來。今天，現在。」

第 **11** 章
—
真正有
錢人的
消費模式

這天從柔伊走出 33 樓的電梯後，就忙翻了。這是春季特刊的截稿日，編輯部的每個人都卯足全力。大標、小標還有內文修訂，全都要等她點頭說了算，一個完成了下一個又來……儘管如此忙碌，柔伊的腦中依然在想著中午和芭芭拉的聚餐。她還沒有回潔西卡推薦的經紀公司電話，確認要接新工作。今天她必須做這件事，而在此之前，她必須和老闆談一談，讓她知道自己快要離職了。

光是想到要對芭芭拉說這些，她都覺得難受。

下午 1：00 時，芭芭拉出現在柔伊的辦公桌前。

💿 真正的有錢人，錢都花在刀口上

外頭雨停了，太陽驅散了空氣中的霧氣，人行道也被晒乾。他們選了下城區靠近中國城的一家餐廳的戶外座位。一路走過來時，她們聊了一下夏季特刊的一些構想，早在春季還沒結束，夏季的構想早就開始了。

看菜單和點餐時，她們閒聊了一、兩句。對這兩個工作搭擋來說，這樣的閒聊已經算是很長了。

簡短沉默後，芭芭拉直接問：「妳找我出來，是想和我說什麼？」

「是的。」柔伊說，「我想找妳談談。」話到嘴邊，她又猶豫了。於是先剝開麵包，沾了橄欖油。

「好的。」芭芭拉說，「要我先猜猜談些什麼嗎？」

柔伊笑了：「喔，其實不用的。我就是……」她停頓了一下，放下麵包，求助似的看著芭芭拉。「我有點不知該怎麼說。」

芭芭拉伸出手來，放在柔伊的手臂上。「放輕鬆。我們共事這麼久了，不用緊張的。對嗎？」

柔伊點頭：「有件事很怪，就是去海倫娜咖啡廳，找亨利聊的有關理財、複利之類的事，讓我……」

「不安。」

「是的。」柔伊說，「非常不安。」

「為什麼？」芭芭拉說，「不就是聊了聊理財的事，為什麼會不安？」

「是沒錯。」柔伊說，「問題是聊的內容，好像是平行宇宙

的事。妳知道嗎，有一天，我還遇見了一位石油大亨。他還說，存到人生的第一個 100 萬有多重要。我坐在那點，一邊點頭一邊想，喔對，人生中第一桶金，我記得當時差不多是我要拿掉牙套的時候吧！」

芭芭拉噗哧一聲笑出來。

柔伊拿起沾了橄欖油的麵包，卻不往嘴裡放。「妳知道我的意思嗎？我在做什麼？和一位先生談百萬存款的事？我就是不應該聊著這種話題，那不是我的人生。我永遠也不會變有錢的。」

芭芭拉停頓了一下，問到：「為什麼？」

「因為，」柔伊盡量讓自己的聲音顯得不那樣意氣用事，「因為別人是有財務自由的，芭芭拉。他們可以買昂貴的藝術品，可以在知名的經紀公司上班，可以上電視訪談。那些買我們雜誌的人隨時可以環遊世界，想去哪就去哪，想什麼時候去就什麼時候去。他們是另一種人，芭芭拉，但我不是。」

「喔，」芭芭拉說。之後，又問了一句：「為什麼妳不是？」

「為什麼我是？就是因為，我上學時貸款，貸了好大一筆，然後，我還有信用卡債，每月只能付循環利息的最低值。連吃一頓大餐對我來說，都傷筋動骨。」現在柔伊的聲音已經因為有情

緒而開始顫抖，「因為我在理財方面就是一個笨蛋。我沒有富裕的家庭背景，這就是我啊！」

芭芭拉沒有回答。

「不然，妳告訴我，芭芭拉，」柔伊說，「為什麼？我為什麼必須變有錢？」她注意到其他桌的客人在朝這邊看，但是她也不在乎。

芭芭拉平靜看了看柔伊，溫和地問：「可是，為什麼不呢？」

柔伊嘆了一口長長的氣，讓自己平靜下來。「我也不知道為什麼如此不安。」芭芭拉忍不住想笑，柔伊自己也笑了。「很神經質，對吧？」她說。

她們的餐點到了，服務生擺放餐點時，她們看著外頭來來去去的人。

服務生離開後，芭芭拉說：「從我們坐下來到現在，有多少人經過我們桌子？」

柔伊估了估：「我也不知道，幾百人有吧？」

芭芭拉說：「雖然我和他們並不認識，但我可以肯定，如果攔下 100 個人來做市調，可以發現其中大多數人沒有積蓄，還有

少部分人有負債。實際上，那些穿著最時尚的，可能財務狀況更糟糕。他們擁有的，比他們應該要有的超過太多。」

「打腫臉充胖子。」柔伊想。

「但是我還可以告訴妳一點，那就是這隨機取樣的 100 個人當中，有多少是先付錢給自己，因此存下了第一個 100 萬的？應該有 5 個吧！這是我們國家的統計概率，5％，20 人當中就有 1 個。」

「真有這回事？」柔伊問。

「是的！」芭芭拉說，「現在，考考妳，看妳能不能區別出哪些是那 5％的人？妳觀察一下。」

柔伊吃了一口沙拉，繼續看著來往的人。大多是職業人士，從一個會議室趕往下一個，也有遊客夾在其中，從一個景點趕往下一個。

她聳了聳肩膀。「我猜不出來。我放棄。」

「妳猜不出來，其實我也猜不出來。」芭芭拉說，「沒有一個鐵律能來區分，沒有一個特徵來區分出有錢人的族群。他們看起來就和其他人一樣，只是他們做事的方式有一點不同。僅此而已。」

「當我說『百萬富翁』時，妳想像的是什麼畫面？」

「一看就是有錢的樣子，花大把鈔票買奢侈品。」柔伊說。

芭芭拉微笑。「妳這麼想，也是理所當然。大多數人都是這麼想的，事實卻剛好相反。真正的有錢人，**大部分來該花的時候一分不少，不該花的時候一分也不多用，錢都花在刀口上**。倒是沒錢的人，喜歡買花俏的東西。」

沒錢的人愛買花俏的東西。柔伊想，這個她倒沒聽說過。

「而那些財務穩定的人，也就是百萬富翁呢？」芭芭拉說。「可能就住在妳家隔壁。可能是來幫妳修水管的工人。」她也吃了一口午餐，「或者是咖啡廳老闆。」

柔伊點頭，一邊繼續吃沙拉。「這點沒錯。雖然我還是有點不敢相信，不過這是真的。我常去那家咖啡廳的老闆真是個超級大富翁。」

芭芭拉又吃了一口午餐，悠悠地說：「或者，還有可能是妳老闆。」

柔伊從沙拉上看著芭芭拉，放下手中的刀叉，靠著椅背，看著芭芭拉好一陣，終於冒出的一句話：「什麼？」

芭芭拉嘆了一口氣，「聽著，我從不對人說這些，不要到處說，好嗎？」柔伊點頭，「就是亨利說的那一套，我早就開始做了。從我有收入就開始了，那時我還沒認識亨利呢！」

柔伊發現自己開始結巴了。「妳？怎麼做到的？」

芭芭拉低頭用餐。「就像我剛剛說過的，」她聳著肩膀，「妳剛剛說的石油大亨，說得正確，第一桶金真的是個分水嶺。首先，妳會覺得自己頗有成就，也確實如此。其次是，複利讓財富的累積變得更加容易。」

柔伊的頭腦飛快轉動，她的老闆芭芭拉，一位雜誌編輯總監，竟然是位百萬富翁？

「可是，芭芭拉，」柔伊低聲說，「那妳為什麼還要來雜誌社上班？」

「為什麼不來？我喜歡這份工作，喜歡這裡的人。比方說，妳啊！我們時不時一起吃飯的好時光。」芭芭拉說著，又吃了一口午餐，「和人資部的大衛談一談。他會協助妳搞定 401 退休帳戶的事，告訴妳公司可以協助些什麼。等妳從本公司退休時，有一筆優渥的退休金。」

從本公司退休的時候……

　　這句話讓柔伊回到現實，她想起了一開始找芭芭拉出來用餐的目的。她是來談離職的，她要去潔西卡在上城區的經紀公司。

　　她深吸了一口氣。想從芭芭拉的啟發式對話中抽身，回到原本的話題上。

　　「其實，」她開口說，「我想談的是……」

　　這時她的手機響了。柔伊看了一眼，顯示的電話號碼讓她很驚訝。「對不起，給我 1 分鐘，」她對芭芭拉說，接起電話。「嗨，怎麼了嗎？」

　　柔伊聽了一會兒，表情僵硬地點了點頭。「當然，」她說，「我今晚就到。」掛上電話後，她看著芭芭拉。

　　「對不起，我必須要離開了。是我媽。」

第 **12** 章
——
不留遺憾，
盡興生活

　　往賓州車站的路上，柔伊一直責怪自己。她早該料到的，她早該提醒老媽的。

　　搭車往紐約北邊去時，柔伊回想著老媽的話。她總是說：「小伊，我沒事的，我不過是疲倦罷了。」柔伊早該發現問題的。雖然老爸被裁員後，兩老搬去更小的地方，固然有壓力；流感固然也會讓人疲倦；還有背痛，不斷發作的背痛。但是老媽總是說「我會好的。」而柔伊竟然相信了這些。就在午餐時老媽昏倒，老爸叫車送老媽去醫院打電話過來時，柔伊依然相信老媽會好的。去醫院之後，老媽做了許多檢查。

　　檢查結果出來，原來根本不是流感，她的老媽這回是不會好了。她不只是疲倦，不只是壓力。她罹患了癌症，剩下的日子不多了。醫師說：「我擔心，可能是胰臟癌。這種癌症造成的原因不明。」當然每件事都事出有因。柔伊不斷責怪自己：「我應該知道的。我應該多留心才對。」

　　柔伊深吸了一口氣。穿過醫院寬大的走廊。

　　找到了母親的病房，從半掩的門走了進去，和老爸擁抱，輕聲交談一會兒後，就在病床旁的椅子上坐下了。

　　「媽──」她低低叫了一聲。

老媽的眼皮閃了一下，睜開眼來：「寶貝。」她說了一句，就又閉上了眼睛。再睜開眼睛的時候，說：「我不該帶這麼多東西到醫院來。」她說，擠出微弱的笑容來。

柔伊臉上笑著，卻覺得眼睛一陣刺痛。「噓——」

老媽伸出手來，尋找了柔伊的手。「柔伊，我一直對妳說，要為自己擁有的開心。」

「我知道的，媽媽。我也確實很知足的。」

老媽緊緊拉著她的手，力道讓她驚訝。「不要。」

柔伊靠近了老媽。「不要什麼？媽？」

「不要，小伊。不要安於現狀。」

「噓。」柔伊再次說，「老媽，妳不要一次說這麼多話，先休息一下。」

「扶我坐起來。」老媽說著，掙扎著靠在醫院床頭。「聽我說。」老媽坐好之後說，「我今天要說的是，**不要滿足於已經擁有的**。我愛妳老爸，也愛妳。我不是一個不快樂的女人。」老媽又停頓了，好像要集聚說下一句話的力氣，也可能再想下一句該怎麼說。柔伊不知道是哪一個。「但是，其實我還有許多想做的

事……」

「媽——」柔伊開口。

「現在妳要趕快，」老媽說，「我不想帶著遺憾離開。柔伊，答應媽媽，不要留有遺憾，要過盡興的生活。」

「媽。」柔伊說。

老媽用力緊握著柔伊的手，力道大到讓柔伊覺得手都疼了。「答應我啊！」

柔伊視線模糊了，「我答應妳。」

第二天，柔伊的老媽精神好了許多，出乎大家的意料之外，連醫師都覺得驚奇。

「病情穩定。」柔伊從臥室下樓，現身在父母擁擠的廚房裡時，老爸告訴她。「但也沒有脫離險境，醫師會進一步檢查的。但是就現在來說，比預料的要好。」

柔伊和老爸輪流在廚房準備食物，輪流去醫院，晚上時，老媽大多在熟睡，父女倆就徹夜聊天。

陪在老媽病床邊上的日子，柔伊多出了許多時間來思考。亨

利週五對她說的一句話——什麼對她來說是最重要的——始終跳到她的腦中來。她當時的回答是：自由、冒險、美景。

她現在突然想到，此外應該還有一個重要的，她忘記了。

近 10 年來，她為什麼沒有花更多時間陪伴父母呢？沒錯，她是很忙，每天工作 8 ～ 9 小時，有時還把工作帶回家，晚上也要繼續工作。可是到底她為什麼要這麼忙？這些忙碌的時刻，換來的卻不是她生命中最重要的東西，這一切都是何苦呢？

「這個清單或許還不完整，」亨利曾經說，「妳會再做修改和增補。」看來，這回他又說對了。

自由、冒險、美景，還有家人。

週日時，老爸幫柔伊買好了回紐約布魯克林區的車票。他把手放在胸前，答應她情況有變會立即通知。「我們沒事的。妳該回去了，妳有事要忙。」

「要忙？老爸？」柔伊說，「忙著做什麼事？」

老爸給了她一個大大的擁抱，並在她額上吻了一下。「記得妳對老媽的承諾。」

第 **13** 章

———

財務自由，
關鍵不在
賺多少

週一早上，地鐵紐約之眼的門打開後，柔伊就匯入人流中，流過灰磚走道，來到的巨大空間。

在走過白色義大利大理石地面時，柔伊想，眼窗就好比一處安放攝影鏡頭的地方。因為妳得先安好取景點，才可以看到風景。

大廳詢問處的檯子上放著大束鮮花。今天選用的是白玫瑰和白色聖母百合。

取景是拍出好照片的重要一步，妳站在哪裡，決定了妳會看到什麼，也就取決了妳照片的畫面。妳了解我的意思嗎？

「我了解。」她一邊走，一邊低聲對自己說。

之後，她又第一百次的想起了老媽的話，「其實我還有許多想做的事……」

她步入了西街知名的電視牆。今天電視牆面上的畫面是太陽從美國西南部雄偉的山群後升起，撒下一片令人驚豔、紫橘色的曙光。

牆上出現了廣告，柔伊站下腳步，仔細看著廣告文字：

你知道如何讓夢想成真嗎？
1 次 1 美元，慢慢買下來。

　　她走上手扶梯，上了 2 樓，站到外面開放空間，回頭看西街，太陽正對著她，照在她所在雜誌社的辦公大樓。

　　她移動目光，今天這個位置可以看到大樓全貌。

　　早上柔伊和人資部門的大衛碰了面。他當場就為她設定了401 帳戶。大衛還給了她幾個相關的建議，如何讓退休帳戶有效運作。當晚回到家之後，柔伊又上線重新開列了兩個帳戶，一個是攝影課程帳號，一個是旅遊帳戶。她也依照大衛傳授的，設好了自動轉戶，只要收到薪水，就會有部分金額直接轉入攝影課程帳戶和旅遊帳戶，整個設定時間也不過 5 分鐘。

　　她設定的轉帳金額並不高，她想以後隨時可以再調整。

　　在告別父親，趕回紐約的前夜，柔伊想到亨利給她的建議絕不局限在財務上，還有更多。

　　現在，柔伊對自己的人生意義也更清楚了，她了解到什麼對她來說，才是更重要的。她明白，自己就像年輕時的亨利，每天

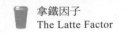

好幾個小時的工作收入都花在不需要的事情上，這些事沒有讓她離自己的人生目標更近。

一旦認識到這一點，柔伊便意識到，其實不用花許多錢，也可以過生活。真的不需要賺太多，而是要清楚知道如何規劃賺到的錢。

在回家的路上，她傳了訊息給潔西卡：

潔西卡，真的很抱歉，我決定不換工作了，我在自由塔這裡很開心。

事實是，柔伊其實很喜歡目前工作，喜歡做雜誌社的事，也喜歡雜誌社共事的人。

她只需要做一些改變。

在和大衛談過之後，她又去見了芭芭拉，告訴老闆，她日後想會多一些時間出門旅遊，就像年輕時的亨利一樣，來一趟高調的休假研習。也就是說，1 年當中，有 1 季的特刊她會無法參與。但是她會隨身帶的筆電，旅行的時候也可以工作。她談的時候，其實很擔心芭芭拉會不同意她的提議。

說完之後，芭芭拉沉默了一下，然後聳了一下肩膀，露出招牌表情：「可以的，但有個條件。」

「什麼條件？」柔伊問。

「妳要寄明信片給我。」

這天晚上，柔伊又做了一個夢。

她在緬因州的海岸邊，緩緩的划著一條小船，吃著籃子裡的小野莓。

「妳看。」媽媽指著遠處說。「白頭海鵰。」老爸補充說：「美國禿鷲。」柔伊用手遮著陽光，看到這些翱翔的鳥兒展翅上飛，飛過知名的高塔，穿過雲霄，直到天空。

她醒來後，躺在床上。看著半暗的公寓，她猶疑著這裡怎麼那樣安靜。花了整整 1 分鐘，她才想明白。

這個地方沒有改變，今晚和過去一樣的安靜，只是她腦中的繁雜噪音消失了。那是一種對未來的擔憂。就像冰箱嗡嗡嗡的聲音，雖然吵，卻因為習慣了而沒有感覺。直到有一天，嗡嗡聲戛然而止時，才會意識到之前的攪擾。

她在半暗半明的夜裡，微笑了。

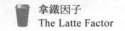
　　從某個角度來說，什麼事都沒有改變。不是設好了自動轉帳後，帳戶上就多出了許多存款來。但是她的感覺不一樣了。因為知道，它們會成長的，枝上生枝，葉上生葉，積年累月，她的煩惱會自然消失了。

　　柔伊心情釋然，轉身又入睡了。一直到早上才醒。醒來之後，她從來沒有感覺到這樣的輕鬆，簡直跟睡死過去似的。

　　不，應該修飾一下，是睡得輕鬆又自在。

第 **14** 章

——

享受紅利的
日子

3 年後……

太陽從遠處的小山上升起來,光芒閃爍,好像琥珀的顏色。柔伊連續按下 3 次鏡頭,拍出完美照片之後,她放下鏡頭,忘情著看著四周。磚頭路上,有一排白色的小屋,藍色的門窗好像小小的藍莓。一行紅喙海鷗飛入她的視線。她聽得到船塢處傳來漁船上的繩索輕擊的聲音。

她已經 30 歲了嗎?想起來,還真不敢相信。這 3 年過得真快,好像搭了時光機。但另外一面,這 3 年也發生了許多事。她成了海倫娜的常客,她和喬琪雅成了好朋友。她的人生有了大大的轉變。

老媽比醫生預料的多活了 6 個月。柔伊常常過去看望老媽,一些重要的醫療會診她都參與了。這 6 個月裡母女相聚的時間比這 10 年以來都更多。亨利稱之為「紅利」,柔伊覺得非常對。

但是老媽還是過世了,母女甜蜜相聚的時間也就停止了。老爸賣掉了北紐約州的房子,加上保險金,她和老爸買下了布魯克林區一處溫暖公寓。就像亨利說的,擁有了自己的住處。雖然很小,但是父女倆有自己的房間,而柔伊更把自己的小房間變成了工作室,可以改稿,也可以做瑜伽,晚上可以修攝影課。也正如亨利預料的,她用了 6 個月就存夠了攝影課學費。

要付完信用卡債時間就要長一點了。在她把需要支付的款項設定成自動轉帳後,她也把信用卡的最低付款金額設定成了自動轉帳。不用多付卡債的循環利息,更讓她覺得一派輕鬆。

拿鐵因子還真起了作用。

在最初的設定之後,她又照亨利說的,每個月在每張卡上增加了第二筆自動付款金額,定時於付完最低金額後的 2 週付款。這兩張卡就像是能砍斷樹的鋒利斧頭,讓柔伊終於在 22 個月後無債一身輕。不用再付利息,拿鐵因子又起了作用。

至於學生貸款,這個時間就又更長了。大概要幾年時間吧!可是這也沒關係的,她會完成的。

光影改變了,琥珀色開始變成了白色。漁船上熱鬧起來。柔伊舉起相機,拍了更多照片。

拿鐵因子起作用的地方還不只在信用卡和貸款上,這個寫在餐巾紙上的數學公式還非常有效。神奇中的神奇是,在喬琪雅的幫助下,柔伊開始學習烹飪。「就和攝影一樣的,」喬琪亞說,「只是在你完成擺盤跟拍照後,你還要吃了它。」柔伊大笑起來,她差點把把拿鐵從嘴裡噴出來。不過,因為自己準備午餐,可以省下的錢,就可不是玩笑的。就像拜倫戒了菸,柔伊一邊想著,

一邊微笑了。

柔伊還停掉了從來都不看的電視節目，停掉了她從來也不去運動的健身房會員。處理了她從來也沒空穿的衣服，甚至還丟棄了時裝目錄，免得受誘惑。同時，她的退休帳戶和旅遊帳戶裡，都開始有錢潮湧入。

太陽稍微升高，小村因此更加熱鬧起來，她聽著漁民在準備出海時低聲交談。一天最黃金的時間就要來了。

她拍了一張又一張的照片，然後，開始研究手上的相機。真是個漂亮的小物。那是，拜倫和喬琪雅送的生日禮物，就在她要開始旅行之前，他們提前送的。

而今天正是她的生日。

這是她希臘島 6 週遊的最後一天。

這段時間，她每天都寫點東西，昨天剛剛把全部內容寄出去。芭芭拉回信說，雜誌社內的同事想把她的文章和照片做成一個專欄。她回去之後就晉升了：柔伊現在不只是位編輯，還是一位專欄作家。芭芭拉在郵件尾處署名：

生日快樂，小伊。

妳家老大

順便說一下，明信片很棒。

柔伊每年都出遊一趟，已經連續第三年了，她高調的休假研習。去年她去密西西比河，用了 5 週的時間，在美國西南的山脈，從、亞利桑那州的聖多娜到新墨西哥州的拉斯克魯賽斯。她的有些照片，還掛到了海倫娜咖啡廳的牆上。

第二年的旅遊非常棒，但第一年的聖多娜紅石風景卻是無法超越的。那年秋天，老媽走了。老爸和她花了 4 週的時間去緬因州。他們摘野莓吃，拍禿鷲，搭龍蝦船出海。父女倆聊著老媽的過去，交換了他們心目中的珍貴畫面。這趟旅行費用不貴，因為柔伊還要存去希臘的旅遊款，但是卻非常豐富。

在要來希臘之前，她問老爸，如果讓他選，他最想去哪裡？「阿拉斯加。」老爸毫不猶豫的回答。

「那就說定了。」柔伊說，「明年。老爸。可以開始準備了。」

柔伊喝了一口希臘咖啡，看著小漁村在希臘的陽光底下熱鬧起來。她舉起相機，靠近了眼睛，透過了相機眼窗，看著世界，並按下快門。

「太棒了！」她低聲說。

柔伊 · 丹尼爾斯今年 30 歲。她是世上最富足的女人，這點，她比誰都清楚。

附錄
致富的三個祕密

1. 先付錢給自己

2. 不做預算，而是養成習慣

3. 現在就過富足的生活

後記
專訪「拿鐵因子」概念創始人

Q
│記者

就我所知，柔伊與病床上母親的對話，就是關於如何不要
生有遺憾的那一段，是基於您和您的祖母蘿絲・巴哈臨終
前的對話。請問，您願意多分享一些祖母的故事，以及她
如何影響了您和您的人生嗎？

A
│大衛・巴哈

我的祖母蘿絲是一個不同凡響的女人。她 30 歲時，做了
一個決定：那就是她不要再過貧窮的生活。這個決定改變
了我們一家。

她當時住在威斯康辛州的密爾沃基，在蓋伯爾百貨公司賣
假髮。她和我的祖父傑克都沒上過大學，他們是典型的美
國中西部勞工階級，薪水剛好支付支出，生活拮据。但是
我祖母卻有一個夢想，就是哪天能夠過上富裕的生活。因
此，她在 30 歲生日時，對祖父說：「是時候改變我們的
生活了，我們來存錢吧！」

後來，她就和祖父一起，一週存 1 美元。我說真的，就是
1 美元。之後，她開始帶午餐去上班。百貨公司的同事都
取笑她：「蘿絲，妳也太省了。和我們一起去用餐吧！」
祖母說，一開始時，她也很難過。但是，她知道她省錢的
原因。她想離開密爾沃基，她想去一個冬天不會太冷的地
方，老了在溫暖的地方退休。

後來，祖母用了一生的時間，把日用節省下來去投資，積
蓄累積到百萬美元。她也把她的理財祕笈傳給了我。我 7
歲時，她幫我買了第一支股票，當時我們正在麥當勞，7
歲的我覺得麥當勞是世上最好的餐廳。祖母成為我的第一
個理財導師。而她的教導，改變了我的人生。

我的第一本著作《聰明女人致富七招》（*Smart Women
Finish Rich*）在 20 年前出版，就是把我從祖母那裡學來的
祕笈分享給讀者。我是從 1997 年開始動手寫的，祖母知
道我的寫作計畫。可是，86 歲的老祖母卻中風了。當時，
祖父已經過世 10 年，祖母寡居時，1 天要走 8 公里，1 杯
果菜汁，1 週出門約會 3 次，而且是不同的男性朋友，當然，
我們是在喪禮上才知道的。

祖母中風之後，我們把她從加州的拉古納海灣移去了灣區

的一家護理中心，離我上班的地方和住家都非常近。這樣，我就可以每天探望她。我還記得祖母最後的日子，我們的互動，就像昨天的事。

有一天，我問祖母，還有什麼要教導我的。她想了一會兒，說道：「不，該告訴你的我都說了。你的人生會很棒的。」

之後，我又問她，有沒有覺得缺憾的地方。她又想了想，說道：「沒有，此生無憾。」然後，她就回憶了一生中值得感恩的人和事。

第二天一早，我又去看望祖母，問她：「晚上睡得好嗎？」

「太不好了。」她說。「我整晚沒睡，一直想今生有沒有什麼遺憾的地方。也謝謝你，提出了這個問題。」

我們一起大笑了。然後，她就拉著我的手，說起了她的憾事，有些事還是少女時代的事。然後她對我說：「大衛，現在我要你好好聽著，我的遺憾不重要，重要的是，為什麼會有這些遺憾。

「在我分享給你的每一個片刻，其實我就面臨著人生的十字路口，我必須做一個選擇：不然，我就選擇一條安全的路，我知道結果會是什麼；另一條是危險的路，我知道那

條路的盡頭有金子在等待我，但是我不知道走這條路要付出什麼。」

「然後，我選擇了另一條路嗎？去冒險取得金子嗎？但是我每次都選擇了安全的道路。這是我後悔的事。現在我躺在這裡，日子不多了，我不知道如果另做他選，會有什麼結果。」

「但是，奶奶，」我說，「妳的人生已經很棒了。」

儘管祖母體力衰微，但是她依然用力握住了我的手，說：「大衛，不要等到老了再來遺憾。冒險去吧！

「特別要記得，」奶奶補充說。「當你走到十字路口的時候，你會聽見兩種聲音。一個成熟大男孩的聲音『大衛，選這條安全的道路。』而另一個小男孩會說：『選這條。選這條。好有趣。我們來試試！』小男孩的聲音比較小，但是很有激情，很想嘗試，要給小男孩機會。並且分享給你的朋友。」

這是我最後一次去探望祖母。

我開車回公司，把車停在地下室，大哭起來。哭完，看著車子的後視鏡，對自己說：「就到此為止了。我不能只做

大公司的財務分析師過一輩子。我要把《聰明女人致富七招》寫出來，幫助其他的人，一起過上富裕的生活。我雖然還不知道怎麼著手，但是我對奶奶發誓，3 年內我要離開這裡，完成自己的夢想。我要讓我的內心小男孩到舞台上來做主角。」

事實上，我用了 4 年，而不只是 3 年。但還是完成了。4 年後，我離開了任職的大公司，從加州移居紐約，雖然我的親戚和朋友都在加州。我去紐約，希望寫更多理財書，幫助千萬的讀者。

這不是一件容易的事，應該說，困難重重。中間的辛苦，我就不說了。但我從來沒有後悔。且果實甘甜。《聰明女人致富七招》躍身為暢銷書，至今銷售了百萬冊。出版 5 年後，我上了歐普拉的節目，面對觀眾說明我的理財觀。

而我想要分享理財觀念的期待，一直持續至今，寫出了這本書。

說來，拿鐵因子的說法是在歐普拉的節目上提出來的。我想寫一本小書，即便是沒習慣買財經書看的讀者，也可以幾個小時就翻完。可是我的出版社卻不認可。後來，前前後後出版了 7 本書，出版社依然不看好拿鐵因子。後來，

我決定好歹要寫出來，找新的出版社合作吧！所以，就有了現在這本書了。

柔伊的媽媽對她說的「要過盡興的生活」這句話，成為柔伊的動力，讓柔伊不再生活在小心翼翼中，不小看自己，要活出富足的人生。這裡的富足，與金錢無關，而是精神層面的。

拿鐵因子無關咖啡，也無關金錢。而是鼓勵，大家勇於實現夢想。

別讓人生留下遺憾。讓你心中的小男孩，小女孩走到台前來。現在就開始吧！

Q 請問，您有沒有寫下一本書的打算？願意透露給我們一
　　 些嗎？

A 我過去一直想寫一本書，並且對我和我的妻子說，一定會
　　 做到的，之後，也不會再寫另一本了。雖然我的妻子完全
　　 不理會我說的。現在這本書完成了，塵埃落定了。其實通
　　 常這種時候，一個新點子就會蹦出來。

　　 所以如果要簡短回答，那就是會。我確實在準備新書，並
　　 且希望新書有趣，而且非常不同。

　　 《拿鐵因子》出版 90 天後，我將和家人去義大利佛羅倫
　　 斯，在那裡度過一年。我確實過了沒有遺憾的生活，而且
　　 希望我的孩子可以在義大利生活一段時間，可以在上大學
　　 開始他們的人生前，去各地看看。因此，如果一切順利，
　　 在讀者看到這本書時，我應該在義大利，吃著披薩，喝著
　　 葡萄酒，和妻子和孩子們在貢多拉上逍遙度日。像柔伊一
　　 樣，休一個高調的休假研習。

　　 可能我會在那裡更新部落格。大家如果願意，歡迎來網站
　　 加入我們：www.davidbach.com。

Q 本書末你加入圖表和數據，願意就這個方面多聊聊嗎？
—

A 很高興你看到了本書的亮點，我最喜歡的也是複利神奇力
— 量的圖表。「金錢的時間價值」在我 20 來歲時，就激勵
了我。我在第 209 頁的表格上，顯示出不同利息值下，金
錢隨著時間的增加。

後面一張表格曾經讓 20 歲的我大徹大悟：那就是 1926 年
以來的投資報酬率。不要相信，投資股票收不到回報之類
的話。

再後面的空白表格是專為各位讀者設計的，幫助落實你的
理財計畫。第一張表格題為拿鐵因子的挑戰。可以照本書
建議的，紀錄一天的開支，找出你自己的拿鐵因子。**只需
要一天的時間**。這一天不需要做任何改變，好像過去平常
的每一天一樣，平常怎麼用錢的這一天就依然怎麼用。之
後，回想一天的開支，想出哪些是可以省下來的小錢，所
謂的拿鐵因子。計算一下金額會是多少，想一想，如果只
要稍做改變，會有多大成效。

之後的一天，我們來加倍拿鐵因子挑戰。這個問題我們在

書裡沒有討論，但是其實很簡單：寫下一個月的開支，找出其中可以省下來的不重要開支。

Q 如果一位讀者接觸到您的第一本書就是《拿鐵因子》，您會推薦的第二本書是哪一本？

A 當然是《自動千萬富翁》。這是我推薦大家都要看的書，也是目前最暢銷的書。好讀，又容易做到，不需要做預算，也可以成為百萬富翁。另外，如果是女性讀者，我會建議《聰明女人致富七招》，如果是夫妻一起讀，我推薦《聰明夫婦一起致富》（*Smart Couples Finish Rich*）。這些書可以幫助讀者釐清自己的價值、人生的目標，而擬定一個適合於自己，切實可行的財務規畫。這些部分在英文的新版本裡，都做了增補。有興趣的讀者，可以找來參照。

Q 我當然希望我在 20 年前看過這本書。但是現在我已經四、五十歲了，拿鐵因子還有用嗎？

A 答案是肯定的。只要開始，就會有收穫。

就這方面，我在另一本書上做了討論，這本書叫《起步晚，照樣致富》（*Start Late, Finish Rich*）。這本書就是 這樣一群人寫的，他們之前存的不多，或者貸款很多，可能還面臨著一些意料之外的挑戰。**起步晚，不等於未來就不能改變。夢想晚一點實現，也比不實現好。**

存錢和投資的要點是，金錢不知道他的主人幾歲。這些只是數學。我們現在舉一個例子，假設一位已經的 50 歲的人，有可能 1 天存 10 美元嗎？那麼，另外一半可能也存 10 美元嗎？那兩個人的家庭 1 天就可以存 20 美元了，1 年就是 7,300 美元了。如果用來投資，回報率用 10％來算，20 年後就是 461,696 美元，差不多是 50 萬美元了。

如果可以 1 天存 40 美元，1 年就是 14,600 美元，以 10％報酬率來算，20 年就有將近 100 萬美元。

最重要的就是選一個可行的方案，就這樣，不用擔心其他。千里之行，始於足下。

Q 還有什麼想對讀者說的嗎？如果讀者想和您聯繫，可以如
—— 何找到您的聯絡資訊？

A 我最想對讀者說的一句話是，感謝。感謝您花時間在這本
—— 書上。

我想從柔伊身上看到的是，這趟冒險之旅不是一個人的獨
行俠之旅。柔伊從她的咖啡師，從她的老闆，從她的新朋
友身上找到了鼓勵和支持的力量。我鼓勵大家也找到這些
支持的力量。

有個很好的辦法是大家可以建立一些拿鐵俱樂部，一起來
討論，一起來督促實踐。比方說，一起討論夢想，一起討
論如何實現它。如果可以和朋友一起實現更富足生活的模
式，生活就會有所改變。

也歡迎大家來逛一逛我的網頁：www.davidbach.com。這裡
有更多的拿鐵因子新觀念，有許多有趣的新點子。我突然
想到了什麼，就會即時更新在網路上，而且是免費的，買
書的錢也可以成為拿鐵因子了。當然，如果集結成冊，再
出書的時候，還希望大家支持。

　　希望這本小書可以帶來改變。也祝福各位讀者，都可以實現自己
的夢想。

謝辭

首先，我要由衷地對你們表示感謝。親愛的讀者群，沒有你的愛、鼓勵和對我的著作的興趣，我一生所做的一切都不可能實現。在巡迴演出的最後一年，很榮幸能在活動中與數千位朋友見面並聆聽讀者們的個人故事，有你們讓我與感榮焉。

我在這本書上的簡短感謝名單，包括我的經紀人珍・米勒（Jan Miller）和蕾西・林奇（Lacy Lynch）。女士們，20年了，我們仍在努力當中。謝謝你們相信我和我的訊息，並幫助我找到媒介傳遞。

我的律師斯蒂芬・布雷默（Stephen Breimer），感謝你20年來的照顧，指導和關心。沒有這個團隊，這一切都不可能實現。

約翰・大衛・曼恩，世界一流的合助作家。感謝你聽我談論這本書超過10年，並相信我在準備好後就會實現。與你合作這本書確實充滿樂趣，與更多難以言喻的事。

　　致我們的出版團隊 Atria/Simon & Schuster。我們的編輯莎拉‧佩爾茲（Sarah Pelz），她與這個故事有著情感上的聯繫，並且是本書的最大功臣：謝謝妳如此努力。對於我們的出版商莉比‧麥圭爾（Libby McGuire）和我們在 Atria 的整個團隊，包括蘇珊‧唐納惠（Suzanne Donahue）、琳賽‧沙格奈特（Lindsay Sagnette）、克莉絲汀‧法賽樂（Kristin Fassler）、唐娜‧托克爾（Dana Trocker）、莉莎‧斯奇亞巴拉（Lisa Sciambra）、米蓮娜‧布朗（Milena Brown）和梅蘭妮‧伊格蕾西亞‧貝蕾茲（Melanie Iglesias Pérez），感謝你們所做的一切，並竭盡全力使這本書能轟動全球。

　　保羅‧科爾賀，在日內瓦吃飯喝酒時問我：「大衛，接下來你要寫什麼？」當我告訴你我夢寐以求的這本書時，你笑著說：「那大衛，你一定要寫這本書。」你不會明白，你簡單且發自內心的微笑，使我終於寫到這裡。對於那天晚上，你讓我看了那本充滿啟發的小說《煉金術士》（The Alchemist），我將永遠充滿感激。

最後，給我的家人。對我的祖母蘿絲·巴哈，妳的靈感和愛成就了我整個職業生涯和生活，我每天都思念著妳。我的父母芭比和馬堤·巴哈（Bobbi & Marty Bach），始終支持著我，並不斷問我：「你什麼時候寫《拿鐵因子》？」感謝有你們一直在我身邊。你們確實是身為孩子最想擁有的偉大父母。

我的妻子，艾拉提亞·布萊德利·巴哈，當我邀請妳與我開始新生活，妳說「我願意」那一刻，是我一生中最幸運的一天。妳也已經聽我談論這本書 10 年了，卻沒有一次質疑我，知道我一定會完成，只是時間的問題！謝謝妳的愛。

我的兩個男孩，傑克和詹姆斯（Jack and James），做你們的父親是我一生中最大的快樂。我知道這將是你們閱讀的第一本書。我希望你們能永遠隨心所欲，保有赤子之心，為夢想而努力。我的兒子，不要後悔，我對你們的愛將永誌不渝。

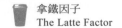
附錄表格

金錢隨著時間而增值						
今天投資比明天再投資更好						
蘇珊 從19歲開始投資，投資報酬率10%			比較左右差異	金姆 從27歲開始投資，投資報酬率10%		
年齡	投資	總價		年齡	投資	總價
19	$2,000	2,200		19	0	0
20	2,000	4,620		20	0	0
21	2,000	7,282		21	0	0
22	2,000	10,210		22	0	0
23	2,000	13,431		23	0	0
24	2,000	16,974		24	0	0
25	2,000	20,871		25	0	0
26	2,000	25,158		26	0	0
27	0	27,674		27	$2,000	2,200
28	0	30,442		28	2,000	4,620
29	0	33,486		29	2,000	7,282
30	0	36,834		30	2,000	10,210
31	0	40,518		31	2,000	13,431
32	0	44,570		32	2,000	16,974
33	0	49,027		33	2,000	20,871
34	0	53,929		34	2,000	25,158
35	0	59,322		35	2,000	29,874
36	0	65,256		36	2,000	35,062
37	0	71,780		37	2,000	40,768
38	0	78,958		38	2,000	47,045
39	0	86,854		39	2,000	53,949
40	0	95,540		40	2,000	61,544
41	0	105,094		41	2,000	69,899
42	0	115,603		42	2,000	79,089
43	0	127,163		43	2,000	89,198
44	0	139,880		44	2,000	100,318
45	0	153,868		45	2,000	112,550
46	0	169,255		46	2,000	126,005
47	0	188,180		47	2,000	140,805
48	0	204,798		48	2,000	157,086
49	0	225,278		49	2,000	174,994
50	0	247,806		50	2,000	194,694
51	0	272,586		51	2,000	216,363
52	0	299,845		52	2,000	240,199
53	0	329,830		53	2,000	266,419
54	0	362,813		54	2,000	295,261
55	0	399,094		55	2,000	326,988
56	0	439,003		56	2,000	361,886
57	0	482,904		57	2,000	400,275
58	0	531,194		58	2,000	442,503
59	0	584,314		59	2,000	488,953
60	0	642,745		60	2,000	540,048
61	0	707,020		61	2,000	596,253
62	0	777,722		62	2,000	658,078
63	0	855,494		63	2,000	726,086
64	0	941,043		64	2,000	800,895
65	0	1,035,148		65	2,000	883,185
獲利 $1,019,148				獲利 $805, 185		

蘇珊獲利：$1,019,148
金姆獲利：$805,185

蘇珊多賺：$213,963

蘇珊只投入20%，但是多賺了近25%。

今天投資比明天再投資收益更好

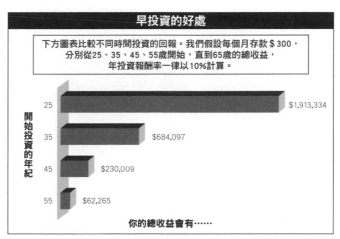

早投資的好處

下方圖表比較不同時間投資的回報。我們假設每個月存款 $ 300，
分別從25、35、45、55歲開始，直到65歲的總收益，
年投資報酬率一律以10%計算。

開始投資的年紀

25   $1,913,334

35   $684,097

45   $230,009

55   $62,265

你的總收益會有……

**拿鐵因子的
神奇力量**

假設每天自己煮咖啡：

$5.00 (拿鐵加馬芬)×
每週7天＝$35.00 每週
假設每週$35，成長率10%

1年	=	$1,885
2年	=	$3,967
5年	=	$11,616
10年	=	$30,727
15年	=	$62,171
30年	=	$339,073
40年	=	$948,611

少一杯拿鐵，多一份收益
大衛·巴哈

開始得愈早，收入愈多

（假設年報酬率為10%）

每天收入	每月收入	10年	20年	30年	40年	50年
$5	$150	$30,727	$113,905	$339,073	$948,612	$2,598,659
$10	$300	$61,453	$227,811	$678,146	$1,897,224	$5,197,317
$15	$450	$92,180	$341,716	$1,017,220	$2,845,836	$7,795,976
$20	$600	$122,907	$455,621	$1,356,293	$3,794,448	$10,394,634
$30	$900	$184,360	$683,432	$2,034,439	$5,691,672	$15,591,952
$40	$1,200	$245,814	$911,243	$2,712,586	$7,588,895	$20,789,269
$50	$1,500	$307,267	$1,139,053	$3,390,732	$9,486,119	$25,986,586

1天省7塊，養老自己來

（假設年報酬率為10%）

假設一天省7塊	一個月存入	10年	20年	30年	40年	50年
$7	$210	$43,017	$159,467	$474,702	$1,328,057	$3,638,122

瓶水可車薪

（假設年報酬率為10%）

假設每天買$1瓶裝水	1個月收入	10年	20年	30年	40年	50年
$1	$30	$6,145	$22,781	$67,815	$189,722	$519,732

如果65歲時成為百萬富翁，每天該存多少

每日或每月投資多少，到65歲能達成100萬美金？
（假設報酬率為10%）

開始存款 的年紀	每天存入	每月存入	每年存入
20	$4.00	$124.00	$1,488.00
25	$6.00	$186.00	$2,232.00
30	$10.00	$310.00	$3,720.00
35	$16.00	$496.00	$5,952.00
40	$26.00	$806.00	$9,672.00
45	$45.00	$1,395.00	$16,740.00
50	$81.00	$2,511.00	$30,132.00
55	$161.00	$4,991.00	$59,892.00

這張表格是要讓讀者了解，如果要在65歲擁有100萬的存款，
每天或每月或每年該存入多少錢。

每個月存入100元，複利會產生的驚人效果

年 利率	5 年	10 年	15 年	20 年	25 年	30 年	35 年	40 年
2%	6,315	13,294	21,006	29,529	38,947	49,355	60,856	73,566
3%	6,481	14,009	22,754	32,912	44,712	58,419	74,342	92,837
4%	6,652	14,774	24,691	36,800	51,584	69,636	91,678	118,590
5%	6,829	15,593	26,840	41,275	59,799	83,573	114,083	153,238
6%	7,012	16,470	29,227	49,435	69,646	100,954	143,183	200,145
7%	7,201	17,409	31,881	52,397	81,480	122,709	181,156	264,012
8%	7,397	18,417	34,835	59,295	95,737	150,030	230,918	351,428
9%	7,599	19,497	38,124	67,290	112,953	184,447	296,385	471,643
10%	7,808	20,655	41,792	76,570	133,789	227,933	382,828	637,678
11%	8,025	21,899	45,886	87,357	159,058	283,023	497,347	867,896
12%	8,249	23,234	50,458	99,915	189,764	352,991	649,527	1,188,242

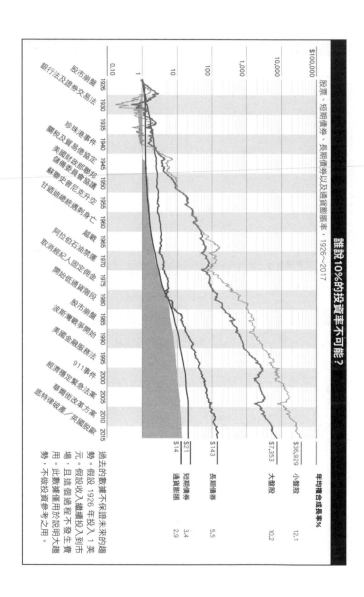

誰說10%的投資率不可能？

股票、短期債券、長期債券以及通貨膨脹率，1926～2017

股市崩盤			年均複合成長率%
銀行法及證券交易法		小盤股	12.1
珍珠港事件			
國稅及貿易總協定	大盤股	10.2	
美國財政部聯準			
儲備委員會協議	$36,929 小盤股		
蘇聯史普尼克升空			
甘迺迪總統遇刺身亡	$7,353 大盤股		
越戰			
阿拉伯石油禁運		長期債券	5.5
取消經紀人固定佣金			
開始低通膨階段		短期債券	3.4
股市崩盤	$143 長期債券	通貨膨脹	2.9
波斯灣戰爭開始			
美國金融服務法	$21 短期債券		
911事件	$14 通貨膨脹		
經濟穩定緊急法案			
華爾街改革方案			
底特律破產／英國脫歐			

$100,000
10,000
1,000
100
10
1
0.10

1926 1930 1935 1940 1945 1950 1955 1960 1965 1970 1975 1980 1985 1990 1995 2000 2005 2010 2015

過去的數據保證未來的趨勢。假設 1926 年投入 1 美元。假設收入繼續投入到市場，且這個過程不發生費用。此數據僅用於說明大趨勢，不做投資參考之用。

拿鐵因子的挑戰

日期 _____　　星期 _____

	我買了 什麼	我花了 多少錢	可不可以 省下來的
1			
2			
3			
4			
5			
6			
7			
8			
9			
10			
11			
12			
13			
14			
15			

我的拿鐵因子總額：

=

拿鐵因子
The Latte Factor

拿鐵因子算數

我 1 天的拿鐵因子＿＿＿＿＿＿＿＿＿＿＿＿＿＿＿

我 1 個月的拿鐵因子＿＿＿＿＿＿＿＿＿＿＿＿＿

我 1 年的拿鐵因子＿＿＿＿＿＿＿＿＿＿＿＿＿＿

我 1 年的拿鐵因子＿＿＿＿＿＿＿＿＿＿＿＿＿＿

如果用拿鐵因子來投資

10年後價值：＿＿＿＿＿＿＿＿＿＿＿＿＿＿＿＿

20年後價值：＿＿＿＿＿＿＿＿＿＿＿＿＿＿＿＿

30年後價值：＿＿＿＿＿＿＿＿＿＿＿＿＿＿＿＿

40年後價值：＿＿＿＿＿＿＿＿＿＿＿＿＿＿＿＿

來算一算自己的拿鐵因子，

詳情可參照網站：www.davidbach.com

我為讀者準備的小禮物

把你的拿鐵因子分享到我的信箱：success@finishrish.com，

我會選出其中的幸運者，寄出一個馬克杯。

加倍挑戰版的拿鐵因子

現在這是一個更具挑戰的拿鐵因子。就是不單看 1 天可以省下的拿鐵因子，還是整體來看，1 週、1 個月甚至 1 年，把非必要的支出羅列出來。

	物品／服務	費用	花費的金額		省下的金額	每月省下總額
	我買了什麼	我花了多少	這是必要	這是可以省的	代替方案省下的金額	
例一物品	貝果＋小杯咖啡	$3.50		3	在家吃早餐，可以每天省$2.00	$60
例二服務	我和女友的手機費	$200		3	改變方案，可以每月節省$50	$50
1						
2						
3						
4						
5						
6						
7						
8						
9						
10						
11						
12						
13						
14						
15						
每個月拿鐵因子的金額：						$

翻轉學 翻轉學系列 047

拿鐵因子
最小又最強的致富習慣

The Latte Factor: Why You Don't Have to Be Rich to Live Rich

作　　者	大衛‧巴哈（David Bach）、約翰‧大衛‧曼恩（John David Mann）
譯　　者	藍曉鹿
總 編 輯	何玉美
主　　編	林俊安
校　　對	許景理
封面設計	張天薪
內文排版	許貴華

出版發行	采實文化事業股份有限公司
行銷企畫	陳佩宜‧黃于庭‧馮羿勳‧蔡雨庭‧陳豫萱
業務發行	張世明‧林踏欣‧林坤蓉‧王貞玉‧張惠屏
國際版權	王俐雯‧林冠妤
印務採購	曾玉霞
會計行政	王雅蕙‧李韶婉‧簡佩鈺
法律顧問	第一國際法律事務所　余淑杏律師
電子信箱	acme@acmebook.com.tw
采實官網	www.acmebook.com.tw
采實臉書	www.facebook.com/acmebook01

I S B N	978-986-507-146-2
定　　價	350 元
初版一刷	2021 年 1 月
劃撥帳號	50148859
劃撥戶名	采實文化事業股份有限公司
	104 台北市中山區南京東路二段 95 號 9 樓
	電話：(02)2511-9798　傳真：(02)2571-3298

國家圖書館出版品預行編目資料

拿鐵因子：最小又最強的致富習慣 / 大衛‧巴哈（David Bach）、約翰‧大
衛‧曼恩（John David Mann）著；藍曉鹿譯 – 台北市：采實文化，2021.1
216 面；14.8*21 公分 . --（翻轉學系列；47）
譯自：The Latte Factor: Why You Don't Have to Be Rich to Live Rich
ISBN 978-986-507-146-2（精裝）
1. 個人理財

563　　　　　　　　　　　　　　　　　　　　　109006912

拿鐵因子
最小又最強的致富習慣

大衛·巴哈
DAVID BACH
約翰·大衛·曼恩
JOHN DAVID MANN
著

TAKE AWAY

藍曉鹿
譯

The Latte Factor: Why You Don't Have To Be Rich To Live Rich

翻轉學
048　**翻轉學**通用回函

系列：翻轉學系列047
書名：拿鐵因子：最小又最強的致富習慣

讀者資料（本資料只供出版社內部建檔及寄送必要書訊使用）：

1. 姓名：

2. 性別：□男　□女

3. 出生年月日：民國　　　　年　　　　月　　　　日（年齡：　　　　歲）

4. 教育程度：□大學以上　□大學　□專科　□高中（職）　□國中　□國小以下（含國小）

5. 聯絡地址：

6. 聯絡電話：

7. 電子郵件信箱：

8. 是否願意收到出版物相關資料：□願意　□不願意

購書資訊：

1. 您在哪裡購買本書？□金石堂（含金石堂網路書店）　□誠品　□何嘉仁　□博客來
　□墊腳石　□其他：＿＿＿＿＿＿＿＿＿＿＿＿（請寫書店名稱）

2. 購買本書日期是？＿＿＿＿年＿＿＿＿月＿＿＿＿日

3. 您從哪裡得到這本書的相關訊息？□報紙廣告　□雜誌　□電視　□廣播　□親朋好友告知
　□逛書店看到　□別人送的　□網路上看到

4. 什麼原因讓你購買本書？□對主題感興趣　□被書名吸引才買的　□封面吸引人
　□內容好，想買回去做做看　□其他：＿＿＿＿＿＿＿＿＿＿＿＿＿＿＿＿＿（請寫原因）

5. 看過書以後，您覺得本書的內容：□很好　□普通　□差強人意　□應再加強　□不夠充實

6. 對這本書的整體包裝設計，您覺得：□都很好　□封面吸引人，但內頁編排有待加強
　□封面不夠吸引人，內頁編排很棒　□封面和內頁編排都有待加強　□封面和內頁編排都很差

寫下您對本書及出版社的建議：

1. 您最喜歡本書的特點：□實用簡單　□包裝設計　□內容充實

2. 您最喜歡本書中的哪一個章節？原因是？
＿＿＿
＿＿＿

3. 您最想知道哪些關於投資理財的觀念？
＿＿＿
＿＿＿

4. 人際溝通、職場工作、理財投資等，您希望我們出版哪一類型的商業書籍？
＿＿＿
＿＿＿

翻轉學

翻轉學